だいわ文庫

男の子は10歳になったら育て方を変えなさい！

反抗期をうまく乗り切る母のコツ

松永暢史

大和書房

あんなにかわいかったわが子が……

別な子になったみたい……

男の子を持つお母さんにとって、「反抗期」は子育ての最後の試練といってもいいでしょう。

「ママ大好き♡」とまるで子犬のようにかわいらしかった我が子から、無視されたり、ひどい暴言を吐かれたりすることのつらさといったら。

反抗期は子どもの成長にとってはかかせないものである、と頭ではわかっているけれど……

というのがお母さんの本音ですよね。


でも、大丈夫。

お母さんの関わり方次第で、「反抗期」という嵐はラクに乗り切ることができます。

本書の中にそのコツを具体的に書きました。

あなたの楽しい子育てのためにお役立ていただければと思います。


では早速本文をどうぞ！

男の子のお母さんへ――ここだけは読んでほしい

あんなにかわいかった我が子が……

「別に」「うざい」「たるい」……

この本を手に取ってくださったお母さんのお子さんは今、おいくつでしょうか？もし、反抗期まっただ中の男の子を持つお母さんなら、これらの言葉を頻繁《ひんぱん》に耳にしているかもしれませんね。

あなたがどんなにやさしく声をかけても、反抗期まっただ中の息子からまともな答えは返って来ません。「めし、風呂、寝る」しか言わないダンナは放っておいてもいいけれど（さすがに最近は〝三語オヤジ〟は少ないようですが）、息子となると見過ごせないのが母親というものでしょう。

「でも、言葉を発するならまだいいほう。うちはうんともすんとも言わないわ」

と嘆くお母さんもいるかもしれませんね。

「今日のごはん、何がいい？」

「………」

「お風呂に入れば？」

「………」

「宿題はしたの？」

「………」

どんなに愛情をこめて言葉をかけても、完全無視。空《くう》を切る自分の声に虚《むな》しさを感じて、時にひとり涙する、ということもあるでしょう。

おまけに、反抗期中の彼らはプチ引きこもり状態。家族団らんの時間にも部屋に籠《こも》って、ヘッドフォンでお気に入りの音楽を聴きながら携帯電話を片手にメール三昧《ざんまい》です。

「昔はおしゃべりな愛らしい子だったのに。なにか、悪いものが憑《つ》いたのでしょうか」

と真顔《まがお》で聞くお母さんもいるようです。

しかし、悲しいかな、それが反抗期というものなのです。

反抗期という嵐は、男の子を持った母親の宿命と言っても過言ではありません。かわいい子犬のようにまとわりついてきた子が、ある時、突然、豹変《ひょうへん》する。いえ、実際には、突然豹変するのではなく、男の子が10歳あたりを過ぎたころから、程度の差こそあれ、少しずつその兆候はあらわれてきます。

●反抗期はいつやってくるの？

反抗期には、「そろそろかな」と思われる〝予兆〟があります。

それを感じた時に、すみやかに母子関係のシフトチェンジをすれば、それほど手ひどい目にあわないですみます。

そのためには、まず息子をよく観察することです（もちろん、嫌がられない程度に）。

男の子が〝男〟になる時には、まず身体に変化が表れます。勃起《ぼっき》もその一つですが、他にも小学校5、6年生になると体つきがゴツゴツしてきて、すね毛が濃くなる子どもも出てきます。

身体に変化があれば、親と一緒にお風呂に入りたがらなくなるのが自然です。家族に入られないよう浴室のカギまでかけたら、反抗期突入ももう間近です。

ちなみに、最近は身体に変化がでても、平気で親と一緒にお風呂に入る子もいるようです。そういう子どもは反抗期も遅いか、場合によっては、いつまでも親がかりのパラサイト状態が続く可能性もあるので、また別の意味で注意が必要です。

身体の変化に伴い、ある時からにおいも男臭《くさ》くなります。具体的に言うと、埃《ほこり》っぽいような、汗臭いような。洗濯物も子どもの時とは明らかに異なるにおいを発散するので、お母さんならきっとその変化に気づくはずです。

男の子の第二次性徴では、声変わりも大きな特徴ですが、変声期を迎えるのは、中学1、2年生ぐらいがボリュームゾーン。反抗期が始まるのとほぼ同じくらいなので、声変わりをした時にはすでに反抗期の真っ盛りかもしれません。

もちろん、態度にも兆候は表れます。「部屋が散らかっているから片づけなさい」と叱った時に、しぶしぶでも言うことをきいていたのが、「うるさいなぁ」と悪びれずに言い返して、片づけるそぶりも見せなくなったら秒読み段階でしょう。

●反抗期に終わりはあるの？

ところで、反抗期はいつまで続くのでしょうか。

その期間は子どもによっていろいろです。半年ぐらいで過ぎ去る場合もあれば、2年、3年、なかには中1から大学を卒業して社会人になるまで親とはまともに口をきかなかったという人もいます。その長さを決めるのは、ひとえに親の言動なのです。

ただし、どんなにひどい反抗期でも、必ず終わりはありますから安心してください。

まさしく憑きものが落ちたように、態度が軟化します。これは、私が社会に送り出した卒業生たちを見て、実感していることです。

では、なにをもって、反抗期は終わるのでしょうか。契機になるのは、**親の客観化**です。親に歯向かい、争ううちに、親の考え方や生き方を知り、一人の大人として対等な立場で親の存在を認められるようになるのです。そうすると、反抗するのがバカらしくなるわけです。

この変化は空気抵抗にたとえるとわかりやすいかもしれません。吹いてくる風を真っ正面から受け止めると風圧がかかりますが、ちょっと体を横にして風を逃せば、たいした抵抗は感じなくなりますよね。その、体を横にするという術を覚えた時が自立した時というわけです。

反抗期が終われば、お母さんがバリアを破って入ってきても、あまり気にならなくなります。「ま、母親なんてそんなもんだから、しょうがないか」と受け止める余裕がでてくるのです。

●反抗期をうまく乗り切るコツは？

ということは、あまりひどい反抗期にならないようにするにはどうしたらいいかというと、自分たち親子をできるだけ客観化できるようにしていけばいいのです。

今、あなたの目に映《うつ》っているのは、幼い頃と変わらない、かわいい我が子でしょう。しかし、現実は違います。息子さんをよく観察してみてください。先ほどあげたような小さな変化が見られませんか？

それに気づき、古くなった習慣を脱《ぬ》ぎ捨てて、今の息子にふさわしいものに着替えること。この習慣の刷新を行うのは、反抗期になってからでも遅くはありませんが、もっと早めに手を打てればよりベターです。

では、そのターニングポイントは具体的にいつなのかというと、小学校4、5年生頃が圧倒的なようです。この頃から、息子さんには先ほどあげたような小さな変化が見られ始めるからです。

もし、あなたの子どもがまだその年齢に満たないのなら、私は声を大にして申し上げておきたい。

「男の子は10歳になったら、育て方を変えましょう」と。

そうすれば、世の母親が嘆き悲しむ反抗期をずっと穏やかに乗り切れることは間違いありません。

ちなみに、先に書いた大学卒業まで反抗期が続いたという男性は、自分が社会人になって親の苦労がわかり、反抗をやめたと話してくれました。家庭を持った今では、両親の近くに住んで、老後の面倒もしっかりみているそうです。このように男の子は意外と親思いなもの。将来的にもお母さんをきっと大切にしてくれることでしょう。

本書の構成は次のようになっています。

第1章「男の子が口を閉ざす理由」では、まず敵を知ろうということで、反抗期の正体に迫ります。

私は仕事柄たくさんの母子関係を見てきました。そこで、息子の反抗期で手痛い目にあってしまうお母さんと、割と楽にやり過ごすことができるお母さんとでそれぞれ共通点があることに気づきました。それが**第2章「反抗期をうまく乗り切る母親、失敗する母親」**です。

第3章「反抗期のしつけが子どもの将来を左右する」は、たとえ反抗期だろうと、親としてどうしてもこれだけは子どもにしつけておきたいルールがあるということ、またそれをどう息子に伝えたらいいのか、について書きました。

第4章「反抗期でも勉強させる方法」は、親の言うことを聞かなくなったとき、どうやって机に向かわせたらいいのか、また、なぜ勉強しなければならないのか、と問われたらどう答えればいいのか等について具体的にアドバイスをしています。

第5章「男の子をグングン伸ばすには」と**第6章「男の子の弱点を克服するには」**では、男の子に「ガッツ」や「好奇心」や「自信」をどうつけさせたらいいか、また、男の子の弱点でもある「打たれ弱さ」や「飽きっぽさ」や「だらしなさ」をどう克服したらいいのか、について詳しく書きました。

そして最後の第7章は、そもそも教育には何ができるのか、わが子の幸福を願うとはどういうことなのか、日頃私が考えていることを**「教育幸福哲学論」**として皆様にお伝えします。

長年に渡り、反抗期の息子さんで苦しむ母親たちの相談を受けてきた（父親として、自分の息子の反抗期にも「手痛い目」を食らった）教育コンサルタントが、ぜひとも皆様に、息子さんの反抗期が始まる前に、あらかじめ知っておくべきことをお伝えしようと思って書いたのがこの本なのです。

どうかこの本をご一読下さって、あなたの楽しい子育てにお役立て下されば幸いです。

著者

男の子は10歳になったら育て方を変えなさい!

目次

第3章 反抗期のしつけが子どもの将来を左右する

第4章

反抗期でも勉強させる方法

第5章

男の子をグングン伸ばすには

第6章 男の子の弱点を克服するには

第7章 わが子の幸福を願うあなたへ ～教育幸福哲学論

第1章

男の子が口を閉ざす理由

反抗期の正体

そもそも反抗期とは何なのでしょうか？

ここで、我が子の成長をちょっと振り返ってみてください。

生まれて間もない頃は、母と子は一心同体です。赤ちゃんはお母さんのことが大好き。姿が見えないだけで泣かれたり、ハイハイで後を追われたり、という思い出がある方も多いことでしょう。

そんな母と子の関係に変化が生じるのは2歳頃。「イヤイヤ期」とも言われるように、お母さんの言うことになんでも「イヤ」と駄々をこねる。その「イヤ」という言葉の裏には、「赤ちゃんじゃないんだから、自分のことは自分で決めさせて」という気持ちが隠されています。自我が芽生えて、お母さんと自分は違う人間なんだと初めて気づくのがこの時期なのです。

でも、それはまだ小さな芽です。小学校に通い、友だちや先生との関わりの中で、その芽はどんどん成長して、本当の意味での自立が始まるのが、反抗期なのです。

反抗は、「自分はもう子どもじゃない。一人の大人として認めてほしい」という心の叫びです。

同時に、彼らは、親は親である前に一人の人間なんだと気づき、自分の親は一体どんな人間なのかを必死に探ろうとして反発を試みています。

それまでは絶対的な権力者であった親がどれだけの能力をもった人物なのかを、反抗という形で試しているのです。

ただし、その反抗の程度には個人差があり、親が嘆き悲しむほどひどい場合もあれば、後になって「あの時が反抗期だったのかもね」というぐらい、あっさり終わってしまう子もいます。なかには、反抗期がなかったというケースもあります。

その違いはどこにあるのでしょうか。

もちろん子どもの気性もあるでしょうが、多くは〝親の接し方〟にあると私は考えています。

母親のあなたは、自分の産んだ子だから何を言ってもいい、と思っていませんか？

そう思っているから、本当は言っちゃいけないことまで言ってしまい、バリアを越えてしまうのです。

子どもがバリアを張っているのに、親が勝手に破って入ってくる、それでバトルが起きる。これが「反抗期」のバトルの正体です。

例を挙げて説明しましょう。

人にはそれぞれパーソナル・スペースがあるということを、ご存知でしょうか。パーソナル・スペースとは、人と関わるときの、その人が感じる快適な距離のことです。その距離は対象によって変わり、家族や恋人など親密な間柄なら45センチまで、友人なら45センチから120センチまでという具体的な数字も示されているようです。たとえば、満員電車が不快なのは、見知らぬ人との距離が近いため。いつも自分が守っているパーソナル・スペースが侵されているからです。

このパーソナル・スペースは空間を示したものですが、心の中にも他人に侵《おか》されたくない領域が存在するように思います。たとえば、初対面の人にいきなりプライベートなことをあれこれ聞かれるのは不愉快、という人は多いでしょう。

家族の間でも同じ。
お互いに、立ち入ってほしくない個の領域があるのです。

「仕事のことには口出ししないでほしい」とか、「携帯電話をのぞかれるのはイヤ」という声もよく聞きます（特段、秘密にしていることはなくても、です）。それは、携帯電話が心のパーソナル・スペースの象徴だからでしょう。

子どもがそうした心のパーソナル・スペースを確立するのが、まさに思春期の時期です。

この時期を迎えた子どもは、親が勝手に自分の領域に入ってこないよう、周りにバリアを張り巡らします。意識的にする子もいるでしょうし、無意識にしている子もいます。

いずれにしろその行為は自立に向けての第一歩。

「独《ひと》り立ちしたいんだから、かまうのはやめてくれ」

と彼らはバリアを張って、必死にあがいているわけです。

親なら誰しも、子どもが社会人として独り立ちすることを望んでいるはずです。つまり、子どもがバリアを張る――反抗するというのは、本来、歓迎すべき変化なのです。

たとえば、赤ちゃんが一人で歩けるようになると、親は手放しで喜びます。

「あーあ、歩けるようになっちゃった」と嘆く親はいません。

反抗期も成長の過程という意味ではまったく同じです。自分の足で立ち上がり、歩もうとしているのに、

「なんで、反抗期が来ちゃったのかしら」

と親が嘆くのはお門違《かどちが》いなのです。

それにもかかわらず、世のお母さんの多くは、反抗期が来たことを悲しみます。せっかく子どもが自立しようとバリアを張っているのに、「冗談じゃない」とばかりにズカズカとバリアを破って勝手に入り込んでしまいます。

そして、あれやこれやと口を出して手も出して、その結果、侵入を拒《こば》む息子とのバトルが繰り広げられる。これが反抗期の構図なのです。

翻《ひるがえ》って考えれば、子どもがひどく反抗的な態度に出る原因は、母親であるあなた自身の言動にあるわけです。

あなたが子どもとの関係性を変えない限り、反抗期はひどくなるばかりです。

少々、厳しい言い方ですが、まずは、そのことを自覚してほしいと思います。

「親として子どもの世話を焼くのは当たり前。なにがいけないの？」

そう反論する人もいるでしょう。

では、その世話はいつまで焼くつもりなのでしょうか。結婚するまで？　永遠に？

当然、そんなわけにはいきませんよね。

ここでもう一つ、頭に置いてほしいのは、息子というのはキタキツネのように、いつか親から離れて広い大地へと旅立っていくものだということです。まして、結婚して家庭を持ったらお嫁さんの支配下に入り、遠い存在になります。

いつかそういう日が来ることは、みなさん、頭のどこかにあるはずですが、かわいい我が子を手放したくないという気持ちが盲目にしてしまうのです。

しかし、ここはしっかりと肝《きも》に銘《めい》じておかなければなりません。「干渉は自立を妨《さまた》げる愚かな行為」なのです。

よく考えてみてください。子どもが自立して巣立っていかなければ、子育ては終わらないのですから。

息子が口を閉ざす理由を知ろう

小さい頃は「お母さん、あのね、あのね」と話してくれた息子も、反抗期になると貝のように口を閉ざします。話しかけても聞こえてないかのように、無視されることも少なくありません。

なぜ、口をきかなくなるかというと、端的に言ってしまえば、**母親が口うるさいからです。**

朝は布団の中にいるときから「早く起きなさい」とがなり立てられ、「顔、洗ったの?」「忘れ物しないでよ」「ほら、遅刻する。早く学校に行きなさい」と家を出るまでせき立てられ通し。そして、学校から帰ったら、「宿題は?」「制服が脱ぎっぱなしじゃない」「いい加減、テレビを消しなさい」「またメール? 誰からよ」と、常に口やかましく言われます。

「子どもができないから注意しているだけ。親として声をかけるのは当然でしょ」という反論が返ってきそうですが、私を含めて男というのは、開けっ放しの蛇口《じゃぐち》のごとく、頭に浮かんだことをそのまま吐き出す女性特有の話法がどうにも理解できません。おまけに、お小言《こごと》の時には、思いついた話を後から後から継ぎ足して、気がつけば別のことで怒っていたという場合が非常に多いのです。

私は仕事柄、さまざまなタイプのお母さんたちと話をしますが、その多くの方が自分でも子どもに対して口うるさいと思うことはよくあるそうです。それでも、「言わずにおられない」らしいのです。

「口うるさいのは歩き方の癖のようなものだ」と言ったお母さんもいました。自分でも直さなくてはいけない、と思いながらも修正がきかない。「直せないのだから、これはもう仕方ない」と開き直っている女性もいるくらいですから根が深いのです。

そんな口うるさい母親を前に、反抗期の息子ができる抵抗が「沈黙」です。話を長引かせないようにするには、口を閉ざして自分の部屋に入るのが一番の対処策なわけです。

「自分にもいろいろ考えることがあるんだから、黙っていてくれよ」と子どもが辟易《へきえき》していることをわかってください。

もう一つ、沈黙の原因としては、男女の思考や論法の違いもあると私は思っています。女性というのは概して男性に比べて思考の速度がゆったりしているため、女性同士の会話は特に、「それでね」「だからね」などの〝順接〟でつなぎたがる傾向があります。

たとえば、さっき言ったことと、今言っていることの整合性がとれなくても一向に気にせず、「うんうん」「そうそう」とノリで相づちを打つところがありませんか？

ところが、男は「しかし」「でも」などの〝逆接〟の論法が主体です。もし、つじつまがあわなければ、気持ちが悪い。「さっきと違うじゃないか」と反論することもあるわけです。

幼い頃は母親との会話にも違和感を持ちませんが、論理的でスピーディな言語展開が身についてくると、女性特有の思考と論法に耐えられなくなります。

世の成人男性の多くもそう感じているはずですが、女の子はかわいくて優しいなど別の魅力もあるから許してしまう。

子どもにはそうした寛容さはまだありませんから、母親の話にイライラして、「うるさい」と制止するか、無視してやり過ごそうとするわけです。

母親のその習慣が反抗を助長する

母親と息子の関係を考える時、頭に浮かぶのは国民的漫画「サザエさん」の一コマです。登場するのは、80歳近いおばあちゃんと、見るからに中年の息子。二人が電車の切符を買う時、おばあちゃんは「大人1枚、子ども1枚」と駅員さんに告げるのです。

「かあさん、オレはもう子どもじゃないよ」

と中年の息子にたしなめられて、「あぁ、そうだったね」とおばあちゃんが顔を赤らめるというオチです。

この漫画の通り、**母親というのは幼い頃のイメージを引きずったまま息子と接して**

しまうものです。特に、長く習慣にしてきたことは、なかなか変えられません。

たとえば、洗濯カゴに無造作に投げ込まれた洗濯物を洗ってたたんで、タンスにしまってあげたり、毎朝、寝坊しないよう起こしてあげたり。「宿題はしたの？」「歯は磨いた？」と小さい子どもに対するような指示をしたり。その習慣がこれから自立しようという息子にはふさわしくないこと自体に気づかないのです。

人間、自分のことになるとなかなか客観視できず、昔からの習慣を何の疑いもなく続けるということはよくあるものです。

女性にとってわかりやすいところで言えば、お化粧がそうです。

若い頃からの習慣なのでしょう、真っ赤な口紅をつけている女性を街で見かけます。今どき唇を真っ赤に染めるのは流行《はや》らないようですが、習慣化しているために流行遅れであることに本人は気づいていないのです。

しかも、母子間の習慣というのは、口紅の色よりももっと根強い。メイクなら周りの女性を観察したり、ファッション誌を眺めれば、時代に合ってないことに気づきますが、母子の習慣は内々のものなのでお手本がありません。習慣を変える時期がきていても、示唆するものがなければ気づかないのも当然です。

となれば、お母さん自身が意識してタイミングを見計《みはか》らい、自分と息子の関係を見直すしかありません。そのターニングポイントとなるのが、そう、反抗期なのです。

反抗をし始めた息子にとって、幼い頃からの習慣をそのまま引きずる母親の存在は重たくてうっとうしいだけ。

自立してしまえば、あれこれと子どもの世話を焼きたがるのが母性であって、母親とはそういうものだと寛容に受け入れられますが、反抗期の子どもにはそこまでの度《ど》量《りょう》はありません。

もっとも、たとえ頭ではわかっていても、かわいい息子の顔を見るとどうしても昔のクセが出てしまう、というお母さんは多いものです。

一体、どうしたら関わり方を変えられるのでしょうか。

ファーストステップとして実行していただきたいのは、**自分と息子を客観視することです。**先の「サザエさん」のように、今、あなたの目に映っているのは、幼い頃と変わらない愛くるしい我が子でしょう。しかし、現実は決して昔のままではありません。まずはそれに気づくこと。

そして、現実の息子を直視し、今の息子にふさわしい新しい習慣をつくりましょう。

このシフトチェンジはもちろん反抗期になってからでも遅くはありませんが、もっと早めに、10歳、つまり小学校4、5年生頃になったら、今までの育て方を意識して変えてみると、反抗期をずっとラクに乗り切ることができるでしょう。

男の子が10歳になったら……

なぜ、10歳がターニングポイントだと申し上げたのか。その理由からご説明しましょう。

この年齢の頃、男の子の体には、ある重要な変化が起こります。それは「勃起」です。

「うちの子がそんな……」と女性であるあなたは思うかもしれませんが、勃起は子どもが大人になるためには、あって当たり前のもの。女の子に初潮が来るのと同じで、男として大事な成長の証《あかし》なのです。

勃起が起こるのは、早い子で小学校3年生ぐらい。初めての射精をすることを「精《せい》通《つう》」と言いますが、この精通は早いと10歳、つまり小学校4、5年生には経験します。先ほど、10歳がターニングポイントと書いた理由はここにあります。

もちろん個人差はありますから、ご自分の息子の身体の変化に合わせて、母子の関係を変えられるのが理想なのです。

そこで、ぜひとも知っておいてほしいのが、勃起というのは母親がどんなにあがいても介入できない領域だということです。

ここが一番、重要なポイントです。勉強や生活などは母親がコントロールできたとしても、勃起だけはどうにも管理できない。母親がストップをかけても、成長過程で勝手にやってくるものなのです。

この現実を受け止めてください。「もう、ボクは子どもじゃない。干渉しないで」と、身体の変化が訴えているのです。

反抗期真っ盛りの中学生なら、「朝だち」をします。マスターベーションを経験している子だって多いはずです。こっそりとエッチな本を隠し持っていたり、アダルトサイトをのぞいていても、ちっとも不思議ではありません。

私自身、経験がありますが、中学生ぐらいの男子はエッチなことで頭がいっぱいです。でも、それは至って正常な発達。ご主人に訊《き》いてみればわかると思います。

そんな、母親が介在できない大人の世界に足を踏み入れた息子に対して、「お風呂に入りなさい」「今日は学校、どうだったの？」などと子ども扱いをして、かいがいしく世話を焼く自分。

明らかに子どもに嫌がられているのに、しつこく干渉する自分。その姿を俯瞰《ふかん》して見ると、滑稽に思えてきませんか？

客観視をするというのは、そういうことです。

勃起する息子に、従来と同じ関わり方をするのはナンセンス。この点をよく理解していただきたいと思います。

子育ての最終目標は結婚できる男に育てること

自分の姿を客観化できたら、次のステップに進みましょう。具体的に、どのように考え方を変えるかという問題です。

まず、10年後、20年後の自分たち親子の姿を思い浮かべてください。凛々《りり》しく成長した息子は社会人になり、素直でかわいいお嫁さんをもらっているかもしれません。愛くるしい孫が生まれて「ばぁば、ばぁば」と慕《した》われれば、子育てをした甲斐があったというもの。老後の愉《たの》しみも増えるはずです。

そんな幸福を現実のものにするには、息子を〝結婚できる男〟に育てあげること。ここにすべてがかかっています。

昨今、ビジネス社会で能力を発揮する女性が増えています。男性よりも女性のほうが優秀だとは、さまざまな企業で語られていることです。

そんな中、「ろくでもない男と一緒になるぐらいなら、結婚なんかしなくていいわ」というアンチ結婚派の女性も多くなり、男性にとって結婚のハードルは以前よりも高くなっています。

事実、国立社会保障・人口問題研究所が２０１０年に調査した生涯未婚率（50歳時点で未婚である割合）では、女性が約10・61％なのに対して、男性はその倍の約20・14％！　５人に１人は独身ということになります。さらに、年代別の未婚男女の数を比べてみても、男性が30代では３人に１人が余るという恐ろしい報告もあります。

そんな熾烈《しれつ》な争いの中、女性から選ばれるためには条件があります。高学歴、高収入、高身長？　いえいえ、今どき、バブル時代の「三高」では女性はなびきません。

現代の女性が求めているのは、掃除、洗濯、料理など家事ができる男です。ついでに、子どもの面倒も見てくれれば、願ったり叶ったり。イクメン（育児をする夫）がもてはやされるのが、なによりの証拠でしょう。

息子が10歳を過ぎたあたりから、そういった女性から求められる男になるように育て方を変えていきます。

掃除、洗濯、料理など、できるだけ自分でさせましょう。子離れと考えると寂しいでしょうが、かわいい孫を抱くためと思えば希望が持てるはずです。

もちろん、行動が伴わなければ意味がありません。

「今日からあなたのことを一人の大人として認める。だから、自分のことは自分でしてちょうだい」

と宣言して、部屋が散らかっていても、自分で気づいて片づけるまでは放っておく。洗濯物も洗って干すまではしても、たたまずに部屋に放り込めばいいのです。

肝心なのは、あなた自身が息子の自立を促《うなが》す方向に考え方を変えられるかどうか。先ほどの例に沿えば、赤い口紅が流行遅れだと気づくことが第一歩なのです。

コラム
1

その日が来る前に知っておこう!
反抗期の主な「症状」

- 何を聞いても、「別に」「うざい」「たるい」「それで?」
- 親の質問は無視。部屋にこもりたがる
- 干渉されるのが一番、イヤ
- 「なんで話さないの?」としつこく聞かれると、ますます口が貝のようにかたくなる
- 親に対する秘密を持つ
- 一応、我慢はするが、あまりに親がうるさいと最後にはキレて爆発
- 思春期なので、エッチなことばかり考えている
- 女子に興味津々だが、うまくつきあえない

第 2 章

反抗期を
うまく乗り切る母親、
失敗する母親

心配性でおせっかいな母親は要注意

反抗期が子どもが自立するために不可欠な過程であることは、前章でお話ししました。親に対して抵抗を重ねた上で、親を客観化できるようになって自立していくのは、ある意味、理想的な成長ストーリーなのです。

とはいえ、なるべくなら穏やかに済ませたいという気持ちもよくわかります。

では、どのように子どもに接したら、反抗期をうまく乗り切れるのでしょうか。

私の経験から言うと、**反抗期を悪化させるお母さんにはいくつかのタイプがあります。**

そのうち、最も多いと思われるのが、心配性で世話焼き型の女性です。

このタイプのお母さんは、食事の支度《したく》、洗濯、掃除などもきちんとこなして、塾や習い事の送り迎えなども献身的にする、いわゆる良妻賢母です。

端《はた》から見れば非の打ちどころのない母親なのですが、熱心なあまりに反抗期を迎えた子どもには重たく感じられてしまいます。しかも、生活のすべてが子ども中心に回っているため、子どもの世話を焼くのが生き甲斐《がい》になってしまっています。

わが子が学校でどのように過ごしているのか、気になって仕方がありません。そのため、子どもが家の玄関を開けて鞄をおくなり、「今日は学校どうだった。あれ、なんだか疲れてるみたいね。なにか嫌なことでもあった？」などと根掘り葉掘り訊きたがります。

「子どもが学校から帰ってきたのに、なんで話しかけちゃいけないの」

と思う方は、自分の学生時代を思い出してみてください。

学校では朝から夕方まで目一杯、授業が詰まり、放課後には部活動のある子も多いでしょう。その間には、もしかすると担任や部活の顧問《こもん》からお小言をもらっているかもしれません。

休み時間にしても、友達との間で楽しいこともあれば、からかわれたり、ケンカしたりと嫌なことも起こります。家に帰った時は、そういったさまざまな出来事を体験して、頭も心も飽和状態になっているのです。

学校から背負ってきたその〝重い荷物〟をおろせるのが家庭です。「やれやれ」とほっとしている時に、母親が待ち構えていてあれやこれやと尋問されたら、たまったものではありません。「うるさいなぁ」の一言とともに、自分の部屋へ一直線ということになるのは当然の結果なのです。

子どもが勉強をしている時も然《しか》りです。頻繁《ひんぱん》に様子を見に行って、

「どう、進んでいる？」

「算数より苦手な国語をやったほうがいいんじゃない？」

「字が汚いわね。もっと丁寧に書きなさいよ」

などと口を挟《はさ》みたがります。

無視すればさらにしつこく言葉をかけ、口答えしようものなら、「あなたのためを思って言ってあげているのよ」と三倍返しの集中砲火。「反抗期の息子に手を焼いている」とボヤくお母さんほど、〝口撃〟は激しいようです。

事実、私の教室に通う子どもたちから、「うちの母親は僕が勉強していると横に来て、ああだこうだと口うるさくて仕方ないんです。いくら言ってもわかってもらえない。静かにするよう先生から言ってもらえませんか」という直訴《じきそ》を受けます。今まで何人

の子どもに訴えられたかわかりません。

子どもたちは母親の口うるささに辟易しているのです。

いささか極端な例ですが、家で机に向かう時には、子どもの横に張り付いて、テキストや筆記用具の準備をしてあげているお母さんもいました。途中でわからないところがでてきたら、お母さんが隣で指をさして答えを教えたり、学習で使ったプリントを子どもに代わって丁寧にファイルしてあげたり。

小学校低学年ならまだ理解できますが、相手は中学受験を控えた5、6年生。自分のことは自分でできなければいけない年齢であるのに、こうした習慣を平気で続けているお母さんも私は目にしてきています。

ベタベタと張り付く母親に対して、拒絶反応を起こすのは、ある意味、真っ当に育っている証拠といえるでしょう。

もし、母親の世話焼きをいくつになっても当たり前のように受け入れている子がいたら、そのほうが心配です。

「やってもらって当たり前」

「親がどうにかしてくれる」

そう思い込んだまま大人になって、社会に出て困難に突き当たった時には、上司が悪い、社会が悪いなどと責任を転嫁《てんか》する人間になりかねないからです。もし、あなたがこうした習慣を持っていたら、即刻、やめるべきでしょう。

子どものしつけについては次の章で詳しく触れますので、話をもとに戻しましょう。心配性で世話焼きタイプのお母さんについては、気になることが他にもあります。その一つは、**無駄な言葉がけが多いという点。**

子どもに限らず、男というのは、なにかアクションを起こそうとしている時に、先回りしてくどくど言われるのを好みません。たとえば、そろそろ勉強しようかなとテレビのスイッチを切ろうとしている時に、「いつまでテレビを観ているの。宿題は終わっているの?」と言われたり、朝の身支度《みじたく》を急いでしている時に、「遅刻するわよ。のろのろしてないで、早く学校に行きなさい」と言われるのも気分が悪いものです。

心配性であるがゆえに、つい口数が多くなるのでしょうが、子どもの行動をよく見ていれば、その声がけが必要かどうかはわかるはずです。

口を開く前に、ひと呼吸置いて、その言葉の必要性を考えてみる。

これを習慣にすれば、無駄な言葉が減って、子どもから「うざい」と言われることはないでしょう。

また、部活動など、子どもが一生懸命取り組んでいることに対して、なにかと口を出したがるのも、心配性で世話焼きのお母さんによくみられる傾向です。

我が子が出場する野球の大会を観に行ったとしましょう。子どもはその日、絶不調。バッターボックスに立っても三振の連続で、チームも敗戦。さて、あなたならどう声をかけますか？

「なんだか、今日は冴《さ》えなかったわね。気合いが足りないんじゃない？　見逃し三振で終わるぐらいなら、ガーッと打てばいいのに」

もし、そんなことを子どもに言ったら、「できないクセに、わかったようなこと言わないで！」と怒らせるのが関《せき》の山でしょう。

仮に、お母さんが野球に詳しくて、「ああいう時は内角の球に手をださずに……」と的確な指示をしたとしても、子どもには喜ばれません。なぜなら、彼に野球を指導するのは、監督やコーチであって母親ではないからです。

こういうときは「次は打てるよ。必ず勝てるから頑張って」とだけ言えばいいのです。子どもは打てない悔しさを十分に味わって傷ついています。その傷口に塩を塗り込むような言葉よりも、やさしく労《いたわ》ってあげる言葉をかけたほうが子どもは何倍も成長するのです。

ちなみに、卓球の福原愛さんのお母さんは、千本ラリーを日課にさせるなど、厳しい指導者でもありましたが、愛さんが試合で負けてしまった時には余計なことは一切、口にせず、「大丈夫。次、頑張ろう」と言い続けたそうです。

息子を恋人の代わりにする母親たち

親にとって子どもは平等に愛しいものだと言われますが、私の教室に通うお母さんの様子から察するに、息子のかわいさというのは別格のようです。我が家にも息子と娘がいるので、妻の態度からもその違いがよくわかります。

もちろん、娘に対して愛情を持っていないわけではありません。娘と息子では注《そそ》ぐ愛情の量は同じでも、質に違いがあるのです。

娘に対する愛情が友だちに近いとすれば、息子への愛情は恋人に対するものと似ています。だから、余計に手をかけてしまうのです。

そもそも女性には人の世話を焼きたがる傾向があり、世話を焼くことが最大の愛情の表現だと思っている方も多いのではないでしょうか。

ご自分の若い頃を思い出してください。彼氏の部屋が散らかっていたら、かいがいしく掃除をしませんでしたか？　溜《た》まった洗濯物を片付けたり、おまけに手料理までこしらえたりするのが好き。息子の世話を焼くのも、彼氏の部屋を片づけるのと同じ気持ちなのでしょう。まして、息子には「私が産んだ子」という所有者意識があるので、手のかけ方はより濃密になります。

朝は玄関を出て見送り、帰ってきたら家事を中断してでも迎えに出るということが、（夫には決してできないことが）息子に対しては自然にできてしまうのです。

もちろん、母親の息子に対する執着は、少子化の影響も大きいでしょう。ご存じの通り、日本の少子化は年々、深刻化しています。出生率は低下傾向が続き、2018年の調査では、女性一人が生涯に産む子どもの数を示す「合計特殊出生率」は、1.42人にまでになっています。

5人兄弟、6人兄弟が当たり前だった時代には、一人の子どもに親が関われる時間も限られてきます。家事だって、今のように便利な家電や設備が整っていませんから専業主婦でも忙しく、「勉強やったの?」だの、「お風呂に入ったの?」だの、いちいち目をかけていられなかったわけです。

ところが、3人産めば子だくさんと言われ、一人っ子の家庭も増える現在、兄弟で頭割りされていた母親の手持ちの時間は一身に一人の子どもに注がれます。まして、お父さんは残業だ、飲み会だ、と毎夜のごとく帰宅時間が遅く、存在感は乏《とぼ》しい。となれば、目の前にいる息子への愛情がますます膨《ふく》らむのも道理です。現代の母親にとって、息子はセックスをしない彼氏と言っても言い過ぎではない気がします。

しかし、当たり前のことですが、息子は息子であって、永遠に恋人にはなりません。くれぐれも言っておきますが、あなたが愛したのはご主人であって、息子ではないのです。

反抗期の年頃になったら考え方を変えて、息子に注いでいた愛情をご主人に向けてあげてほしい。

ご主人だって悪い気はしないでしょうから、家庭円満になるはずです。

まぁ、それは理想であって、今さら「パパ、愛してる」なんて気持ちにはなれないかもしれませんね。でしたら、男優さんや韓流スターでも構いません。

とにかく愛情のベクトルを息子から別の方向に向け直すのが、反抗期を穏便《おんびん》に乗り切るための策なのです。

とはいえ、そう簡単にいかないこともわかります。

気持ちの切り換えはどのようにすればいいのか。追い追い、お話ししていきましょう。

おおらかな母親になろう

心配性で世話焼きタイプに代表されるように、反抗期を悪化させる原因の多くは、親の過《か》干渉《かんしょう》です。すなわち、それとは逆に、子どもに干渉をし過ぎないことが、反抗期をうまく乗り切るための最大の秘訣なのです。

子どもが学校でどう過ごしていようと、どのように勉強していようと、いちいち気にせず、おおらかに構えていればいいのです。

子どもが思春期を迎えたら、「手はかけずに目はかけろ」とよく言いますが、まさにその通り。一歩引いたところで、子どもを見守っていられるのが、反抗期を上手く乗り切れる母親なのです。

「それでは子どもが隠し事をするのではないか」と心配になるかもしれません。しかし、秘密というのは自分の〝個〟の象徴であり、誰しも秘密の一つや二つを持っていて当たり前です。心理学者のC・G・ユングもその自伝で、子どもの頃、人形や石を屋根裏に隠していたと記しています。その人形や石は、彼にとって個の象徴。それを暴《あば》き立てることに何の意味があるでしょうか？

もちろん、うそや隠しごとの中には、よその家のガラスを割って逃げたとか、隠れてタバコを吸っていたとか、親としては「知らなかった」では済まされないこともあるでしょう。いじめも然りです。いじめている側はもとより、いじめられている側であっても親にその事実を隠そうとする傾向があるので、早めに見つけて対処しなければなりません。

ただし、そうした重要な事柄以外であれば、息子が何をしようが放っておいていい。私はそう思います。

もっとも、心配性で世話焼きタイプのお母さんともなれば、放っておけと言われても実践できないかもしれませんね。

何かしら情報がないと不安で不安で堪《たま》らないというのであれば、仲の良いお母さん同士でネットワークをつくればいいのです。

私はかつて著書の中で「ママ友の情報は鵜呑《うの》みにするな」と書いたことがありますが、それは塾や習い事の教室に関しての話。塾や教室の評価は子どもとの相性もあるので真《ま》に受けないほうがいいとは思いますが、学校での出来事を聞くのであれば、ママ友の情報網は活用すべきでしょう。

この時、頼りになるのは女の子の親です。女の子は思春期でも母親とはよく話をします。学校でのトピックスは格好のネタですから、女の子のお母さんのほうが情報通であることが多いのです。

もう一つ、おすすめしたいのは、こまめに学校に足を運ぶことです。「運動会や保護者会ならまだしも、なにもない時に学校に行くなんて、ますます子どもに嫌がられてしまうのでは？」と思うかもしれません。だったら、学校に行かなければならない用事をつくればいいのです。

たとえば、ＰＴＡ活動に参加すれば、話し合いや印刷などで否応《いやおう》無しに学校に行かなければなりません。そのついでに我が子の様子をうかがえますし、担任の先生とすれ違った時に話も聞けます。友だちをつくりにくい内気なお母さんでもおのずと他の保護者とのつながりが持てるわけです。

ただし、仕入れた情報は子どもにひけらかさないのが鉄則。まして、刑事のように、聞いた話を子どもにつきつけて自白を促す、なんてことは決してしないでください。

聞き上手な母親になろう

反抗期の時期に、もう一つ、心掛けてほしいのは聞き上手になることです。バリアを張り巡らせている子どもでも、実は、親に話したいことはたくさんあります。それを無理に聞き出そうとするとたちまち貝になってしまうので、自然と口を開くよう仕向けるのです。そうすれば、心配性のお母さんでも、あえて詮索《せんさく》をする必要もなくなるわけです。

聞き上手になるためのポイントとして、まず頭に入れておきたいのは話しかけるタイミングです。前項にも書いたように、学校や塾から帰ってきてすぐ、というのはよくありません。まして、仁王様のように玄関で待ち構えて、いきなりお小言を始めるのは最悪です。

帰宅した時には、笑顔で「おかえり」と出迎えて、話を聞くのは制服を脱いで人心地《ひとごこ》《ち》ついてから。これが鉄則なのです。

この間合いの取り方は、旅館の仲居さんをお手本にするとわかりやすいと思います。仲居さんは、宿泊客が宿に着くまでの時間をどのように過ごしてきたのかはわかりません。楽しい家族旅行ならいいのですが、なかには〝訳あり〟のお客さんだっているはずです。ですから、余計な話は控えて、気持ちよく過ごしてもらうためにひたすら愛想良く振る舞う。お茶に茶菓子でも添えて、「お疲れでしょうから、どうぞ一服なさってください」といって引き下がる。親子の間もこれでいいのです。

特に食べ盛りの男子は、お腹をペコペコに空《す》かせて帰ってきますから、「ケーキを買ってきたけど、食べない？」などと食べ物で誘うのは有効でしょう。人間、おいしい物を食べると機嫌がよくなるものです。少し気持ちが解きほぐれたな、という頃合いに話しかければ、反抗期の子どもだって、話をしたい気分になるはずです。

もちろん、食事の後にデザートでも出して会話に誘ってみたり、休日に外で食事をしながらするというのもいいでしょう。ただし、ここで自分の言いたいことばかりしゃべったり、尋問口調で問い詰めたりしては元《もと》の木阿弥《もくあみ》。話したいことや聞きたいことがあってもぐっと堪《こら》えて、あくまでも子どもが話す内容に沿って会話を進めるのがテクニックというものです。

話の運び方としては、インタビューに近い感覚です。

雑誌やテレビなどのインタビューでは、聞き手と話し手と立場が明確に分けられていますよね。聞き手は文字通り、聞き役に徹し、相手を興《きょう》にのらせて、いかに面白い話を引き出すかという点に注力しますが、反抗期の子どもと会話するには、インタビュアーと同じ姿勢が必要なのです。

具体的には次の5つのポイントを心掛けるといいでしょう。

1　前振りは世間話から

インタビューの場合、いきなり核心にふれる話題から入ることはまずありません。当《あ》たり障《さわ》りのない話をふって、ウォーミングアップをしてから本題に斬《き》り込むのが常《じょう》套《とう》手段とされています。

前振りを入れれば、気持ちがほぐされますし、牽《けん》制《せい》球を投げることで機嫌の良し悪しや相手の出方も探ることができます。

家庭なら、お天気の話題やニュースネタなどから入るのが無難でしょう。「今日は暑かったね」などと言われて、「うるさいなぁ」と返してくる子どもはまずいません。

2　子どもの話したいことに沿って聞く

聞き手が自分の意見ばかり話しては、当然、インタビューは成立しません。また、相手の意向は無視して聞きたいことだけを質問しても、結果的に面白い話は引き出せません。

親子の会話でも同じ。息子が話したいことに沿って会話を進めていくのが鉄則です。そうすれば、口も滑《なめ》らかになり、意外な事実が飛び出したり、子どもが普段、考えていることまで聞けるかもしれません。

3　リアクションはおおげさなぐらいでちょうどいい

会話は言葉のキャッチボールです。反応が返ってこなければ、せっかくの話す気持ちも削《そ》がれてしまいます。子どもが口を開いたら、オーバーなぐらいにリアクションをするといいでしょう。

特に男の子はいくつになってもくだらないことを考えているものです。そんな話も面白がって聞いてくれるようなら、口数もおのずと増えるはずです。

4　途中でNGは出さない

話の腰を折るのは、インタビューでは御法度《ごはっと》。親子の会話で言えば、「なんでそんなバカなことしたの?」「いつもダメだと言っているじゃない」といった、子どもを責めるような言葉は禁物です。

もし、ダメ出しをしたいことであっても、その場では聞き流す。責められたら、たちまち口のチャックは固く閉じてしまいます。

5　聞きたいこと、言いたいことは最後にする

子どもにどうしても話しておきたいこと、聞きたいことがある場合は、できるだけ後回しにします。先に言ってしまうと、即座に耳も口も閉じるだけ。先に話したいことを話させて、口も耳も全開にしてから、「そういえば……」と切り出せばいいのです。ここはもう駆け引きです。

ただし、注意を促す内容の場合、要点をまとめて簡潔に伝えること。長々とお説教しても、結局、聞いているのは最初だけで、効果が薄いこともわかっています。

もし、進路のことなど、子どもの意見も聞いて話し合いたい内容なら、「話をしたいんだけど、いつだったらいい？」と尋ねて、アポイントを入れるのも有効です。

親子の間でアポ入れすることに違和感を感じる人もいるかもしれませんが、**男というのは段取りに弱いものです。**「これは逃れられない」と観念して話し合いの席に着くはずです。

この時も、一方的に親が話すのでなく、子どもが意見を自由に言える場にすることが大切です。

たとえば、進路の問題で多いのは、子どもが受験したい学校と親が行かせたい学校が合わないというケースでしょう。

この場合、なぜ、その学校に行きたいのかを、まずは聞く。その上で、親としての意向を伝えて、折り合いをつけるにはどうしたらいいのかを共に考える。

親が聞く耳を持てば、子どもも親の意見に耳を傾けるものなのです。

反抗期がない家庭の良い例、悪い例

反抗期は自立するために不可欠の成長過程であるとは何度も申し上げている通りですが、なかには反抗期のないまま大人になっていく場合もあります。
好例は私の友人一家です。彼の家庭は男の子一人の三人家族。ひとりっ子は得てし

て、母親の干渉が一身に降り注ぎ、反抗がひどくなりがちですが、その子は親を無視したり、悪態をつくということはなく、今は立派な社会人となって独り立ちしています。

反抗期がなかった理由は容易にわかりました。友人である彼も、彼の妻も、小さいうちから子どもを第三の大人として扱っていたのです。

たとえば、旅行に行こうという話が持ち上がった時、一般の家庭では子どもの意見は二の次で決めてしまいがちですが、彼の家ではどこに行くか、旅先で何をするかなど、すべて子どもを交《まじ》えて話し合うのを習慣にしていました。普段の生活でも、礼儀など教えるべきことはきちんと教えながらも、子どもを常に家族の構成員として認め、対等な立場で意見を求めてきたわけです。

反抗期は「自分を大人として認めてほしい」という気持ちの表れです。ですから、幼い頃から大人として扱われていれば、反抗する意味は生じないわけです。

友人一家は、反抗期がない良い例と言えるでしょう。

それとは逆に、反抗期がなかったがゆえに、世間では大人として見られる年齢になっても自立できないこともあります。この場合、親が子どもとの距離の取り方を間違えているケースが多いようです。

たとえば、息子の友達が遊びに来た時、親が顔を出すのは子ども扱いしているようで気が引けて、おやつと飲み物を息子の部屋の前に置いて立ち去るといったような、一見、自立を促しているようで、結局は世話を焼いている行動がアダになってしまうのです。

確かに、そんな家庭なら息子も居心地がよく、反抗はしないでしょう。ただし、そのまま大人になったらいつまでも自立できずにマザコンのレッテルを貼られるか、世の中、すべて自分の意のままになると思い込んだ身勝手な男になるか、そのどちらかです。

反抗期を予見したら息子と距離を置くことは大切ですが、腫《は》れ物に触るがごとく気を遣うのも筋違い。

言うべきことはしっかり伝えて、自立を促していくのが正しい在《あ》り方なのです。

コラム
2

男の子を育てる母親の意外な盲点

- まじめで何事もきちんとしていないと気がすまない
- 家族の世話を焼くのが母の務めと思っている
- 「男の子は強くたくましくあるべき」という固定観念が強い
- 「男の子はいつまでも甘えん坊なもの」と思っている
- かわいい子でも「旅」はさせたくない
- 「それで？」「だから？」とつい質問攻めにしてしまう
- 子どもの話をさえぎって、結論を言ってしまう

第 3 章

反抗期のしつけが子どもの将来を左右する

共同生活者としてルールを守らせる

反抗期であっても子どもは子ども。親としてしつけるべきことはたくさんあります。

その一つとして、子どもにまず教えてほしいのは、**家庭も共同生活の場であるという自覚です。**

たとえば、友だちとルームシェアをする場合、リビング、キッチン、浴室、トイレなど共用スペースの使い方については、お互いに気を使いますよね。ゴミなど散らかさない、汚したらきれいにするなど、暗黙のルールがあるわけです。

家族だって同じ。家庭という形態における共同生活者なのです。

ところが、家族の場合、血のつながりがある分、お互いに甘えたり、甘やかしたりということが起こります。特に、再三、申し上げているように、母親というのは息子に滅法《めっぽう》甘い。

食事を終えた後、食器をそのままにして席を立つ、靴下をリビングに脱ぎっぱなしにする、トイレを汚しても素知らぬ顔をしている――。

ルームシェアリングなら、解消を申し出られても仕方ないような場面でも、母子の関係においては「ちゃんとしなさい！」のひと言で終わり。怒りながらも、結局、母親が後始末をするパターンが多いでしょう。

息子にしてみたら、面倒くさいところは母親がやってくれて、あとは好き勝手できるのですから、これほど居心地のいい環境はありません。しかし、このような生活を続けていては、大人として自立できるわけはないのです。

第1章で、「反抗期を迎えたら、結婚できる男に育てるよう思考を変えましょう」と書きました。共同生活者としての自覚を持たせるのは、その第一歩でもあります。

家庭も共同生活の場であることを理解させて、それを徹底していく。子どもの将来を左右すると言っても過言ではない重要なしつけなのです。

具体的には、まず家庭の中の共用スペースを明確にしてほしいと思います。

子どもはリビングやキッチンなども「家庭」という空間にあるので、自分の部屋の延長のような感覚でいます。パブリック・スペースとプライベート・スペースの線引きが曖昧なため、自分の持ち物を平気で置きっ放しにできるわけです。

これは日本の風習や住宅事情とも関係しているように思います。

日本では、小さいうちは家族で川の字になって寝る家庭がほとんどです。子ども部屋を与えるのは大抵、小学校に上がってからで、思春期になっても家族で寝ているという家庭もあります。家族で川の字で寝ることは決して悪いことではありませんが、その分、パブリック・スペースという意識は希薄になってしまいます。

一方、欧米諸国では、子どもが幼いうちから個室を与え、どんなに泣こうとも自分の部屋で寝かせることを習慣にしています。リビングで過ごしていい時間と自室にいなければいけない時間がはっきりとしているため、パブリック・スペースとプライベート・スペースの違いがおのずと理解できるのです。

さて、共用スペースの意識が備《そな》わったら、次に、その場におけるルールを子どもに提示します。たとえば――。

①リビングに勉強道具など個人の所有物は置かない。もし、持ち込んだ場合には必

ず自室に持ち帰る。

②ダイニングテーブルはいつも気持ちよく使えるようにする。食べ終えた後の食器は流し台に運ぶ、パン屑などテーブル上をきれいにするなど。

③浴室や洗面所を使ったら、ボトル類は元に戻して、髪の毛などを残さない。

④トイレを汚したら、各自がきれいにする。

これらのルールの根幹は、「お互いが気持ちよく暮らせる」こと。後から使う人が不愉快になるような状態にしない、というのは、人間の最低限の倫理だと私は思っています。

お母さん自身、汚れたテーブルや洗面台を見ると、うんざりするはずです。「なんでいつもこうなの！」と憤慨《ふんがい》しながら掃除をしなくてすむようになれば、こんなにいいことはないでしょう。

家庭内の共用スペースをきれいに使う習慣があれば、道路や公園にゴミを捨てることはしないはずです。公衆トイレもきれいに使おうという意識が自然に働くと思います。

もちろん、将来、お嫁さんに「だらしない！」と愛想をつかされることもないでしょう。

自分のことは自分でさせよ

これから独り立ちしようという息子には、さらにしつけるべきことがあります。それは「自分のことは自分でする」こと。こう聞くと、「幼稚園生じゃないんだから、当たり前じゃない」と思うお母さんは多いでしょう。

では、伺います。お宅では洗濯物は誰がたたんでいますか？　汚れた食器を洗うのは誰でしょうか？

おそらくお母さんがすべてを引き受けているのではないでしょうか。なかには、夫婦で家事分担をしている家庭もあるでしょうが、いずれにしろ、子どもが自分で洗濯したり、洗い物をしていたりすることはまずありません。

仮にやろうとしても「そんなことはいいから、あなたは勉強してちょうだい」と取り上げてしまうお母さんも少なくないのです。

本当にそれでいいのでしょうか。

今どき、趣味でしているゴルフのウェアを奥さんに平気で洗わせるような男は、結婚相手には選ばれません。世の女性の多くが求めているのは、家事や子育てを手伝ってくれるやさしい男性なのです。

生まれてこのかた、一度も洗濯や洗い物をしたことがない、などと言ったら、女性は確実に引きます。マザコンを疑われて、それが原因でふられてしまうことだってあるかもしれません。

そんな男にしないよう、反抗期を迎えたら自分のことは自分でさせること。親がなんでもやってあげるというのは、悪しき習慣です。

そもそも教育というのは、悪しき習慣は排除して、よい習慣を身につけさせること。反抗期こそ、そのチャンスなのです。

そこで、まずは息子に対して、「これから自分のことは自分でしてね」と宣言しましょう。そして、宣言したからには実行する。

たとえば、洗濯は基本的に自分でさせます。節電・節水を考えると家族分をまとめて洗ったほうがいいのなら、干すところまでは母親が受け持ち、たたむのは息子にさせる。乾いたらそのまま部屋に放り込んでしまえばいいのです。

もし、汚れたスポーツウエアを洗濯カゴに放り込んで「明日までに洗っておいて」などと言ってきたら、ちゅうちょせずに突っぱねてください。自分が身につけるものは、自分で手入れをして管理をするのは、どんなスポーツであっても当たり前のこと。それができないようでは、上達も望めないでしょう。

掃除も然りです。息子の部屋を片付けたり、掃除機をかけてやったりする必要は、一切ありません。

朝は自分で目覚ましをかけて起きる。起こしてやる必要はありません。

忘れ物をしたからといって、親切に学校まで届けてやるなんてことも、ゆめゆめしないでください。

寝坊して遅刻するもよし。忘れ物をして困るのもよし。手痛い目にあえば、次からは気をつけようと反省するはずです。

最もよくないのは、口ではガミガミいいながら、結局、子どもの失敗の尻拭いをしてしまうパターンです。

大人になっても最後には親がなんとかしてくれるという依存心を持ち続けて、自立はおろか、仕事をしても長続きしない、など自滅の道を歩んでしまいかねません。

「そうは言っても、やはり子どものことが気になって」というお母さんに対しては、私は趣味を持つことを勧めています。

私自身、息子が反抗期になったと思った時から、関わるのをやめて、自分の趣味に興じました。ベランダで野菜を育てる、鶉《うずら》を飼う、生徒たちを連れてキャンプに行く、などなど。

親が個人としての時間を満喫すればいいのです。そんな母親の姿を見れば、子ども自身「これはどうやら本気らしい」と危機感を感じて、自分のことは自分でするようになります。

そちらの方が、いつまでも子どもに縛られているより遥《はる》かに楽しいと思いませんか？

親の言うことを素直に聞かない息子の対処法

反抗期の子どもは、親の言うことを素直に聞くことはまずありません。しつけのために、と発した言葉でも、無視されることはしばしばです。

口をきかない息子に対して効果を発揮するのは、「目には目を」作戦。お母さんもいつもより冷たく接するのです。笑顔は封印して、スティルフェイスで必要最小限のことを淡々とした口調で話す。子どもに「なんだか、様子が変だぞ」と思わせるのです。

男というのは、何ごとも理屈で考える習性があります。母親に冷たくされると内心うろたえて、その理由を必死に思い巡らします。

原因がどうやら自分の態度にあるとわかれば、多少なりとも態度を軟化させるはずです。

「うるせぇ、ババァ」「黙ってろよ」「死ね」

などと暴言を吐くことも反抗期にはよくありますが、「口癖」くらいに思って受け流してください。

教育書などには、「言葉の暴力はいけないことだから、親は冷静に、厳しく戒めるべし」といった答えがまことしやかに書かれています。しかし、どんなに冷静に厳しく言ったところで、聞く耳をもたないのが反抗期なのです。となれば、徹底的に無視をするのが一番だと思います。

奥の手としては、思い切り感情的に対抗するのも効果的です。

感情をむき出しにして物を言えるのは、ある意味、女性の武器です。

「こんな子に育てた覚えはない」と泣く。家事を放り出して、ストライキに突入というのもあり、です。

男は、生来、女性の涙と怒りに弱いので、感情的に攻撃されるとうろたえます。家庭の雰囲気も悪くなって、「もう二度と、こんなひどい目にあうのはご免だ」と思うものです。

ただし、一つ間違えるとヒステリーと思われてしまうので、ある部分は冷静さを保つこと。また、頻繁にしては効果が半減して、そのうち相手にされなくなります。普段は冷たく接して、最後の砦として憤りを噴出させる。緩急《かんきゅう》つけたさじ加減がコツなのです。

言葉の暴力だけでなく、子どもによっては物を投げたり、壁を叩いて穴を開けたりという場面も出てくるかもしれません。家庭内暴力に発展しないかと、うろたえる気持ちはよくわかります。

ただ、私に言わせれば、それは男としてのノーマルな成長の範疇《はんちゅう》。中学生の男子の部屋は、大抵、ドアや壁に穴の一つや二つは開いているものです。

思春期のこの時期には、友だちとの関係、好きな女の子への思い、勉強のこと、将来のこと……。悩みは山ほどあります。友だちに心を傷つけられて帰ってくることもあるでしょう。親子ゲンカのタネだってつきません。

そうしたもやもやした感情を自分の中で消化する術《すべ》を覚えることも、大切な心の成長です。

自分で自分の気持ちを律することを「自律心」と言いますが、最近の子どもたちはこの自律心がきちんと育《はぐく》まれていないように思います。

物にあたる子を前にするとハラハラするかもしれませんが、自傷行為に及んだり、他人を傷つけたりしない限り、見守ってあげてください。

オチンチン力を潰すな

私の教室には個性的な生徒たちが集まっていますが、さすがの私も驚いたのはまったく話をしない子どもたちです。

私だけでなく、友だちともほとんどしゃべらず、授業中にこちらから質問をしても反応は稀薄。せめてうなずくか、表情を変えてくれればいいのですが、それすらもない。これでは、到底、授業になりません。

質問の意味が理解できないのかと思いましたが、ノートを見ると言われたことはちゃんと書いている。どうやら、人からなにか言われても、それに反応を返さない習慣がついてしまったようです。

彼らに共通していたのは母親のタイプ。どの子も非常に気の回るお母さんを持っていたのです。

コップを差し出せば冷茶を注ぎ、お茶碗を出せばごはんのおかわりと、息子が欲するものに素早く気づき、言葉にする前になんでもやってあげていたのでしょう。女性は人に何かしてあげるのが好きだとは、前にも書きましたが、究極が彼らの母親だったのです。

親子の会話にしても、子どもが学校での出来事を話そうとすると、「聞いたわよ、○○くんのお母さんから」と先回りしたり、「そんなくだらないことはどうでもいいから」とさえぎってしまっていたようです。それでは会話する能力は育つわけがありません。

いつもオモロイことを考えて、思いついたら誰かに話して行動に移さないと気が済まない。それが男の子のパワー、オチンチン力です。

断言しますが、母親の気働きは、せっかく備わったオチンチン力を潰すだけ。そればかりか、人間としての魅力まで失わせてしまうことになるのです。

当然のことながら、聞かれたことに返事をしないような態度は、私のもとでは許されません。

授業中、そして授業後にも話しかけ、答えるまで気長に待つことにしました。すると、話すことの楽しさがわかったのか、今では冗談まで言えるようになりました。

自立を促す「お手伝い」と「旅」

突然ですが、そもそも「しつけ」とは何だと思いますか？
広辞苑には「礼儀作法を身につけさせること。また、身についた礼儀作法」とありますが、現代においては「社会の規範に沿った立ち居振る舞いができるよう訓練すること」と考えるのが一般的でしょう。
しかし、私はもっと広義に、**しつけとは「社会の中で生きていくための力を身につけさせること」と考えています。**つまり、自立を促すのもしつけの一環なのです。
そのために、私は「お手伝い」と「旅」の二つを実践するよう親御さんに勧めています。

なぜ、お手伝いと旅なのか。その理由をご説明したいと思います。

●お手伝いのススメ

家庭でのお手伝いというと、忙しい時に子どもの手を借りるというイメージがあるかもしれません。「洗濯物、取り込んできて」などと頼んだ時に、しぶしぶながらも言うことを聞いてくれれば、親としては非常に助かります。「思いやりのあるいい子に育ってる」と実感するでしょう。

もちろん、そうした困っている母親を助けることも大切なのですが、ここで実践してほしいのは、「なにかしら役割を与えて任せる」というお手伝いです。

小さい子であっても、食事のお膳立て係、新聞と郵便物を持ってくる係、カーテンの開け閉めをする係などできることはたくさんあります。

反抗期を迎えようという年齢なら、犬の散歩、米研《と》ぎ、風呂掃除などもっと多くのことを任せられるでしょう。家庭の中で役割を持てば、自分が家族の構成員であるという自覚が生まれ、自立心は養われます。

この時、大切なのは、一つの仕事を任せたら、口出しや手出しはせず、その子の責任のもとにまっとうさせることです。ルーティンワークをこなすには根気や忍耐力が必要になり、責任感も生まれます。効率よくこなせるよう自分なりの工夫もすれば、創造力や応用力まで育まれます。

とはいえ、子どもに進んでお手伝いをさせるのは簡単でないことは、私もよく承知しています。そこでご紹介したいのが、私の教え子の家庭の例です。

その子のお母さんはフルタイムで仕事をしていて、朝は子どもよりも早く出勤をしなければなりません。自分の身支度をしながら朝食を作って、その合い間に犬の散歩にも行って、さらに、私立中学に通い始めた息子のためにお弁当も作らなければならないのです。

あまりにも手一杯になったため、お母さんはある時、息子に、お弁当作りと犬の散歩のどちらか一つを請け負ってくれないとパンクしてしまうと訴えました。

窮状を訴えられては、両方ともやりたくないとは言えません。息子はどちらか一つを必ず選ばなければならない状況になったのです。

結果、彼はお弁当作りを選びました。毎日のことだから大変だとは思いますが、出来合いのお惣菜や冷凍食品も上手に取り入れながら、結構、見栄《みば》えのするお弁当を作っているそうです。まさしく今どきの「お弁当男子」です。女子の間でも評判で、本人曰く、「モテるようになった」とか。

まぁ、その真偽はさておき、**ここで着目すべきは、お母さんがお弁当作りと犬の散歩という選択肢を用意して、彼自身にどちらかを選ばせているところにあります。**

選択とは自分の責任のもとに遂行《すいこう》されるため、安易に途中で投げ出せなくなるのです。もし、「お弁当は自分で作りなさい」と命令されていたら、彼はやる気にならなかったかもしれない。お母さんの知恵の勝利です。

加えて、見習いたいのは、毎朝の「言葉がけ」です。お弁当を見ては「おいしそう」「今日は栄養バランスもいいね」などとひと言、ふた言、必ず、コメントするようにしているというのです。

その言葉が、彼のお弁当作りのモチベーションにつながっていることは言うまでもありません。

●かわいい子には旅をさせよ

旅もまた自立を促す最良の手段です。私は小学生の頃、よく自転車で「旅」に出ました。最初のうちは、当時、自宅のあった西武線沿線のミニ旅行。線路づたいにどこまでも自転車を走らせるのです。線路に沿って進めば道に迷うことはないだろうと思って出発したのですが、途中で道がなくなるという想定外（当時の私にとっては）のアクシデントが起きました。

そんな時は、自分の方向感覚を頼りに、見知らぬ街を抜けるしかありません。不安感と高揚感が入り交じった、なんとも言えない気持ちは、今でもはっきりと覚えています。

この経験のお陰で、行動半径はぐんぐん広がりました。自転車があれば、自分一人でどこへでも行ける。その自信が私の自立心を高め、海外に興味を向ける原動力にもなりました。

そんな私の経験を踏まえて申し上げるなら、かわいい我が子にはどんどん旅をさせてほしい。もちろん、自転車に限りません。小さな子どもなら、おじいちゃんやおばあちゃんに迎えに来てもらい、一人で新幹線や飛行機に乗せるだけでも十分。親の保護がない中、単独で行動することが自信の芽を育みます。

中学生にもなったら、家を出るところから田舎の祖父母の家まで、一人で行かせてもいいでしょう。切符の買い方、電車やホームの確認、駅から祖父母の家までの行き方など、自分で調べさせるのです。

乗り間違えや道に迷うなどアクシデントもまた良い経験です。人に聞くなど自分で解決する方法を模索するでしょう。そして、**その経験が自信となって、自立への大きな足がかりとなるのです。**

旅の目的は、親の加護なしに行動できる力を身につけることにありますが、同様の効果をもたらすのが夏休みなどに地域や自治体などで企画される体験合宿です。

利点は、親から離れての生活が体験できること。

「オレ、親の顔を見なくても平気だぜ」と男友だちとの間で自慢のタネになったりします。

もう一つの利点は、参加者や同伴の大人に、初めて顔を合わせる人が多いことです。ここが学校行事との大きな違いです。見ず知らずの人と一緒に宿泊し、その中でお互いを理解し合うのは、コミュニケーションの力を養うことにもつながるのです。

自分の部屋を片づけさせるには

先ほど、家族共有のスペースはきれいに保つ習慣をつけましょうと申し上げました。だからといって、自分の部屋なら散らかしていいわけではありません。洋服は脱いだら脱ぎっぱなし。本や教科書は雑然と机の上に積み重ねられ、床にはお菓子の空き袋やペットボトルなどが散乱している……。そんな部屋では勉強に集中できるわけはありません。

部屋を片づけられないのは生まれもっての性格だとも言われますが、私は習慣だと考えています。

母親が片づけてあげてしまっている子は、いざ自分で部屋を管理するとなると片づけ方の要領がわかりません。

すると、当然、部屋は汚くなるわけです。

反対に、母親が片づけベタな場合も、散らかっている状態が普通になってしまい、汚れていても気にならなくなります（まれに、母親を反面教師にすることもありますが）。

ともあれ、部屋がきれいであることの必要性は、自分が痛い目にあわないとわかりません。

チャンスは大事な物を紛失した時。

「この部屋を片づけて捜索しないと出てこないと思うよ」

と言って、一緒に片づけます。もし、どこにあるのか心当たりがあっても、知らないふりをしてください。

部屋が汚いと困るのは自分自身。

まずはそのことをよくわからせて、きれいにすると、探しものの無駄な時間がなくなり、何よりも気持ちよく過ごせることを体験として教えるようにすればいいのです。

ゲームやケータイ（スマホ）とどうつきあうか

子どもの頃、友だちと「ケイドロ」をした思い出を持つ親御さんは多いでしょう。「ケイドロ」とは、文字通り、警察役の子どもが泥棒役の子どもを捕まえる集団型鬼ごっこの遊びです。ルールは地域によっていろいろのようですが、〝警察〟に捕まった〝泥棒〟は牢屋に入れられ、仲間がタッチすると逃げられる。単なる鬼ごっこよりスリリングで、私も暗くなるまで友だちと遊んだものです。

このケイドロという遊び、今の子どもたちの間ではどんなふうになるか、ご存知でしょうか。昔と大きく異なるのは、広範囲で行なわれてケータイで連絡を取り合う点。それぞれが仲間とケータイで「今、コンビニの前にいる」「そっちに向かったぞ」などと連絡を取り合って、逃げたり、追いつめたりするそうなのです。つまり、ケータイがなくては、この遊びに参加できないわけです。

スマートフォンの利用率は中学校入学を境に急増します。内閣府の調査では、機器の利用率は子どもは中学生で58・1%、高校生に至っては95・9%にも及んでいます（青少年のインターネット利用環境実態調査／平成29年度）。

我が家の子どもたちの様子を見ても、友だちとの会話はすべてスマホです。スマホのない子のほうが珍しがられてしまう時代なのです。

一方、ゲームについても、「みんな持っている」という子どもの言い分は、あながち間違いではありません。子どもが仲間はずれにされたら困るから、と買い与えてしまう家庭も少なくないようです。

私はケータイ（スマホ）とゲームにテレビを加えた三つを〝スイッチ系ツール〟と呼んでいます。スイッチを入れるだけで簡単に楽しめて、暇つぶしもできるからです。

そもそも私たち人間の価値は、労働時間、子どもなら学校に行っている時間以外の自由時間に何を行なうかで決まると私は思っています。

その貴重な時間には、山に登る、キャンプをする、料理をつくるといったリアルな体験をさせてほしいのです。

たとえば、山に登れば木々の緑や澄んだ空気が五感を刺激して、創造力も想像力もかき立てられます。途中でヘビに遭遇したり、道を間違えるといったアクシデントもしばしば起きて、それにどう対処するかも人間の成長につながるのです。

対して、スイッチ系ツールは基本的に受け身です。情報を受け取ったり、作られたシステムにのっとってボタンの操作をするだけですから、脳は働きませんし、創造性もほぼ皆無です。自由時間にスイッチを入れてしまうと、その時点で思考は停止して、時間が無駄に流れていくのです。

もっとも、スイッチ系ツールを愛好するのは、子どもに限ったわけではありません。電車に乗ると、いい年齢の大人でも、スマホでＬＩＮＥをしたり、ネットや動画を見たりしているのですから、子どもが真似するのは無理もありません。

こういう麻薬的なツールが世の中に出てきてしまった以上、子どもに一切与えないというのは現代では難しいとは思います。しかし、与え方には工夫をしてください。

ポイントは、ねだられてもすぐにＯＫしないこと。

半年でも一年でも我慢させて、買う時には、本当は買いたくないけれども仕方がないという姿勢を示してください。

この時、必ず、交換条件をつけます。たとえば、食事中や寝る前などスマホ禁止時間帯を設けて、もし破ったら即座に取り上げるとか、親がスマホを見ても文句は言わないとか。そして、約束を破った時には逆ギレされても取り上げてほしいと思います。

さらに、スマホやゲーム機器を与える時に、ぜひ子どもに伝えてほしいのは、社会のカラクリです。

こうした社会現象ともなるツールの裏には、必ず、莫大《ばくだい》なお金儲けをしている人間なり企業があります。そしてそこから多額の税金が納《おさ》められていることを考えれば、私たちは間接的に税金を取られていることに等しいわけです。それをわかった上で使いなさい、と子どもに伝えると、少しは使い方も変わるのではないでしょうか。

親が子どもに伝えたい五つの倫理観

リリー・フランキー氏の名著『東京タワー』を読んだ方は多いと思います。その中で、私がことのほか印象に残っているのは、「ボク」が「オカン」にお金の話をするくだりです。普段は温和な「オカン」が、突然、「男がお金のことで、ぐちゃぐちゃ言いなさんな!!」と怒り出すのです。おそらく男がお金の話でつべこべ言うのは、おかんの倫理観に背《そむ》いていたのでしょう。

「これだけはしてくれるな」という倫理観を、親が子どもに伝えることは非常に大切だと私は思います。その倫理観は家庭それぞれに違ってかまいません。ただ、社会で生きていくために必要な核となるのは次の五つだと私は考えます。

1、嘘をつかない

2、弱い者いじめをしない
3、差別をしない
4、約束を守る
5、感謝の気持ちを忘れない

読んでわかるように、人として持つべきごく当たり前の倫理観です。昔であれば、こうした倫理観は一族の長や寺の僧侶が、折に触れて子どもに説いて聞かせていたのだと思います。しかし、核家族になり、信仰心も薄れる現代では、悲しいかな、子どもたちに継承されていないのです。

事実、授業の時間を間違える、提出物の期限を守れない、宿題をやってこないという子どもは、ザラにいます。特に、母親に甘やかされて育った男の子ほど、自立・自律ともに欠如しているように思います。

そのまま社会人になったら、アポイントの時間を間違える、会議に使う書類が間に合わないといったことになるでしょうし、彼女とのデートの約束にも平気で遅れてくるような男になるかもしれません。

逆に言えば、これら五つの倫理観さえ持っていてくれれば、社会で生きていけるでしょうし、女の子もまぁ結婚してもいいかな、と思うはずです。

特に、私の中で大切にしてほしいのは、「ありがとう」という感謝の気持ちです。レストランなどでは、お金を払っているのだからサービスされるのは当たり前というクレーマーのようなお客がいたり、学校でも、教師は子どものために尽くすのが当然というういわゆるモンスターペアレンツも横行しています。「ありがたい」「お陰様」という美しい言葉とともに受け継がれてきた感謝の心が継承されなくなっているのです。

感謝の気持ちがある人は、他人に対してもやさしく思いやりを持って接することができます。

世の中には、お金よりも感謝の気持ちの方がうれしいという人もまだ数多くいます。

こうしたコアな部分がきちんと子どもに継承されていれば、反抗的な態度を取っても目をつぶってもいいとさえ私は思っています。

第 4 章

反抗期でも勉強させる方法

「勉強しなさい」と言わずに机に向かわせる方法

勉強に対する意識は、男女でずいぶん違いがあるようです。

定期試験に備えて計画的に準備ができるのは女の子。

二日前ぐらいになって「やっべ、徹夜だ」と慌て出すのが男子の傾向です。

高校受験に対しても、女の子は早いうちから志望校を考えたりして、「そろそろ勉強しなくちゃ」と思うことができますが、男の子は中3の2学期になってようやく目覚めて勉強しだす、なんてケースも少なくありません。

そんな彼らに対して、お母さんはいつもやきもきしていることでしょう。夕食の後、だらだらとテレビを観ている息子に対して、「宿題、まだ終わってないでしょ？　早くやりなさい！」と言わずにはいられない。なかには有無を言わさず、テレビを消してしまう強硬手段に出る人もいるはずです。

小学校低学年までなら、そんな母親の実力行使にしぶしぶでも従うものですが、反抗期の息子となるとそうはいきません。

「うっせぇな」と、母親の言葉は無視してテレビを観続けるか、あるいは自分の部屋に退散して、相変わらずだらだらし続けるか。

反抗期の息子にとって親からの命令はなんの効力もありません。むしろ、彼らにとって親からの命令ほど嫌なことはなく、反対に反発を招いて勉強しなくなってしまうだけなのです。

特に、タイミングが悪いのは、子ども自身、「そろそろ勉強をしようかな」と思っていた時です。**母親の「勉強しなさい」のひと言でモチベーションは急降下。勉強の意欲を逆に削《そ》いでしまう結果になるのです。**

では、勉強をしない息子にどう対処すればいいのか。

結論から申し上げれば、反抗期を迎えたら、勉強をするかしないかは子どもの主体性に任せる。これに尽きます。

「それでは、うちの子はまったく勉強をしなくなってしまいそう……」

と心配になるかもしれません。

しかし、子どもだって、勉強をしなければいけないことぐらい、よくわかっています。テストで高得点が取れたほうが嬉しいし、成績が良ければ友達にも自慢できる、と思っています。ただ、その場に勉強よりも楽しいことがあると、ついそちらに流されてしまう。そして、試験前に「あー、普段からやっておけばよかった」と後悔するというのが、勉強のできない子どものお決まりのパターン。

反対に、頭のいい子は、親に言われなくても机に向かうことができます。それが習慣化しているのです。

たとえば、朝、歯を磨かないと気持ち悪いのと同じで、その日にすべきことをやらないとなんとなく収まりが悪い。だから、「ちょっとやっちゃおう」となるわけです。

もちろん、そういう子どもにも誘惑がないわけではありません。観たいテレビや読みたいマンガもある。しかし、その誘惑に打ち勝てるだけの「自分で自分を律する力」、つまり自己管理力が備わっているのです。

自己管理力は生活態度にも表れます。勉強のできない子どもは、概して時間にルーズで遅刻が多く、提出物を期限通りに出さず、宿題も平気で忘れる。すべてにおいて、楽しいほうへ、ラクなほうへと流されて、やるべきことを後回しにしてしまうのがクセになっているのです。

勉強を歯磨きと同じ「習慣」にするのは、反抗期の時期となってからでは難しいかもしれません。しかし、自己管理力を身につけさせることはできます。

その第一歩が、子どもに机に向かう時間を自分で決めさせること。帰宅後のタイムスケジュールを自分で組ませ、その通りに行動できるのが理想です。とはいえ、この年齢の男の子ではスケジュールを組むこと自体、拒否されるかもしれませんね。そこで、ひと知恵絞りましょう。

たとえば、「晩ごはんの準備の都合があるから教えてほしいんだけど、今日は何時から勉強する予定？」と子どもに聞いてみてください。あたかも母親の家事の段取りのためのように、さりげなく勉強時間を決めさせるのです。

「ごはんを食べたらするよ」とか「夜の8時になったら」という返事が返ってきたら、予定を立てたのと同じこと。そのタイミングで「そろそろ勉強タイムじゃない？」と声をかければいいのです。

この方法なら親からの命令ではないため、子どもも嫌な気分にはなりません。何より自分が決めたことですから、「守らなきゃいけない」という意識が働くというわけです。

もし、部活で帰宅が遅いなど、夜にできないのであれば、学習時間を朝に回してもいいでしょう。ただし、勉強のできない子は概《がい》して朝が弱く、眠たさに負けてしまう場合が多いとは思いますが……。

「なぜ勉強しなければいけないのか？」ときかれたら

小学校までは優秀だったのに、中学生になって急に成績が落ち込んでしまった、という話をよく耳にします。なかには勉強はしているのに、なぜか成績があがらないという場合もあるようです。

原因は非常に単純。**その子は自発的に勉強をやっているのでなく、「やらされている」**

のです。親の強制で机に向かっていた子どもは、小学校高学年から中学にかけて必ずや息切れをします。これは教育関係者の間でもよく言われていることであり、私も経験上、実感しています。

改めて申し上げるまでもありませんが、学習内容は学年が上がるにつれて高度になっていきます。小学生で学ぶ程度の内容なら、親がお尻を叩いてやらせればできるようになるのですが、中学ともなればそうはいきません。**「自分から進んで学ぼうとする意欲」**、これがなければ、何時間、机に向かっても成績をあげることは難しいのです。

しかし、勉強に対する意欲をかき立てるというのは、決して簡単ではありません。そもそも中学で学ぶこと――国語なら文法問題や古典、数学なら方程式や関数、因数分解などは、学んだところで、一体、何の役に立つのかと思うような内容だらけです。

そういった、一見、無駄に思えるような知識を身につけるためには、「なぜ、勉強しなければいけないのか」という動機づけが必要になります。勉強に対する目的や意味が明確になれば、子どもも自ら学ぼうとします。

親の役割はそれを教えてあげること。「勉強しなさい！」と子どものお尻を叩くよりも、遥かに大切なことだと私は思います。

では、なぜ、勉強をしなければいけないのでしょうか。これにはいろいろな考え方がありますが、まず一つ言えることは、**「将来の選択肢を増やすため」**です。

学歴偏重《へんちょう》に対する批判の声はあるものの、日本が学歴社会であることは紛《まぎ》れもない事実です。有名企業では採用枠を大学卒業以上としているところが多く、まず、高卒か大卒かによって仕事の選択肢に大きな差ができます。

ただし、同じように大学を出ていても、就職のチャンスは平等ではありません。大卒の中でも大きな格差が生まれていることはみなさんご存知の通りです。どんなに優《すぐ》れた人材であっても、大学名によってふるいにかけられ、スタートラインにさえ立てないこともままあるのです。

つまり、学歴は高ければ高いほど、仕事の選択肢は増える。もちろん、例外はありますが、将来、自分が目指す道に進みたいのであれば、「学歴」というポイントを稼いでおいて損はないのです。

さらに、医師、弁護士、検事、官僚など、免許や資格を持たなければ就《つ》けない仕事を目指すのであれば、勉強はより重要になります。

その免許や資格を取るためには、当然のことながら国家試験等の試験を受けます。そうした試験は、専門知識を丸暗記すれば受かるというものではありません。もちろん、暗記力も必要にはなりますが、出題の意図を理解するための読解力、正解を導き出すための論理的思考力などトータルの力が問われるのです。

そういった読解力、論理的思考力をつけるためのトレーニングは、中学からの日々の学習の中にあります。こればかりは、一朝《いっちょう》一夕《いっせき》で身につくものではなく、大学生になってあわてても後の祭り。

将来、弁護士になりたい、検事になりたいと思っているなら、司法試験にパスするためには中学からの勉強が大切になるのです。

真似したい、頭のいい子の三つの習慣

私は私の生徒たちに、「**キミたちは好きなことをやるために生まれてきたんだよ**」とよく言います。

その好きなことができるのは、勉強以外の自由時間。だから、自由時間を大切にする習慣を身につけてほしい、と話すのです。

もちろん、好きなことといっても、くだらないテレビ番組を観たり、ゲームをすることではありません。

テレビやゲームの共通点は、受動的であること。与えられたものを受けるだけで、自らの頭で考えたり、創造したりという場面がほとんど、ないのです。

せっかく与えられた自由時間は、自分で調べたり、探したり、作ったりといった、能動的なことに使わなければもったいない。そう思いませんか？

実際、私の教室には、昆虫博士、化石の蒐集《しゅうしゅう》家、囲碁将棋のアマ棋士など、多彩な趣味を持つ子どもたちが揃《そろ》っています。彼らは総じて頭がいい。自由時間に自分の興味のあることを掘り下げることで、知性もぐんぐん伸びていくのです。

しかも、彼らが家で何時間も必死に勉強しているかというと、決してそうではありません。長時間勉強しなくてもできてしまうのです。

「もともとの頭の構造が違うから」

と思うかもしれませんが、実は彼らは頭が良くなるような二つの習慣を身につけているのです。

その一つは、授業に集中して、その中で自己向上を試みているということ。

教師が言ったことを頭で反芻《はんすう》し、考えてからノートに書き写す。そのノートも、書きなぐりではなく、後から見返してすぐにポイントがつかめるよう整理されている。

昨今、一流大学の学生のノートの美しさが話題になり、本も出版されていますが、まさしく、彼らのノートは美しいのです。

もう一つは、〝速く〟勉強する習慣です。

先にも書いた通り、彼らは自由時間に好きなことをしたいわけです。そのためには、家での勉強も早く切り上げたい。だから、短時間で効率よく終わらせる術を心得ているのです。

授業中の集中力やノートの書き方は実践させるのが難しいかもしれませんが、この〝速く〟学習する習慣なら家庭でも真似できるのではないでしょうか。

たとえば、計算問題や漢字ドリルであれば、「5分間」など時間を設定して解いていく。短時間で解こうとすれば、それだけ集中して頭にも入りやすくなりますし、テストの時にスピーディーかつ正確に問題を解くための練習にもなります。

時間をより強く意識するためには、キッチンタイマーを使うのもいいでしょう。残り時間も一目でわかりますし、時間になったらピピピッと鳴るから始まりと終わりが認識しやすい。あるいは、ストップウォッチで全問クリアした時間を計り、それを毎日記録するのも有効です。子どもは競争が好きですから、「昨日より30秒速くできた」なんてことが励みになるのです。

この時、「早く終わったから、この問題も……」と追加するのは厳禁。それよりは、

「どんどんペースアップしているね」などと褒《ほ》めてやってください。そうすれば、子どもも「もっと頑張ろう」と思うはずです。

これら二つの習慣に加えて、頭のいい子どもを見ていると、「なぜ」と問う習慣があるように感じます。

教科書に書かれていることを鵜呑《うの》みにせず、常に「なぜだろう」と考える。その答えを探ることで、知識が深まり、知性も高められるわけです。

実際、進学校の入試問題は、「なぜ」を問う設問のオンパレードです。それを解くには、日頃から疑問を持つ習慣が欠かせないのです。

私の教室では、中1から高1の生徒たちが、『韓非子《かんぴし》』『論語』『マタイ伝』などを読んで、その内容に難癖をつけたりしているから面白いものです。

たとえば、マタイ伝にある〝イエスによって癩《らい》病が治った〟との記述に対して、「そんなの信じられないよな」「なんでだ?」などと友達と言い合っている。こういうことも要は習慣なのです。

音楽を聴きながら机に向かう子は頭がよくならない

子どもが机に向かったら、勉強に関して親が口出しをするべきではないと前項で書きました。

ただ、一つだけ、もし、お子さんがヘッドフォンをつけて音楽を聴きながら勉強していたら、即刻やめるよう注意して欲しいと思います。

ヘッドフォンをつける理由を尋ねると、

「周りの音が気になるから」

「集中できる」

「好きな音楽を聴くと、モチベーションが上がる」

など、いろいろな答えが返ってきますが、**私の経験から言っても、音楽を聴きながら勉強する子どもに、頭のいい子はまずいません。**

今さら言うまでもありませんが、勉強には集中力が必要です。ヘッドフォンをすると、周りの雑音がシャットアウトされて集中できるような気がしますが、実は耳から入る音によって集中力の何割かが削がれてしまうのです。

せっかく勉強しても、実際に頭に入るのは8割程度、ということが起こるわけです。

さらに言えば、ヘッドフォンをして勉強する子どもは、楽しいこと、ラクなことに流されるという傾向もあります。

聴きたくない音は遮断《しゃだん》して、自分の好きな音楽に浸ることが、忍耐力の低下に通じているのです。

勉強する時は、音楽は禁止。そのかわり、勉強が終わったら好きなだけ聴いてよし。だから、早く勉強を終わらせなさい。そう言って聞かせるのが正解です。

知性を身につけると人生が豊かになる

先ほど、勉強の目的には、いろいろな考え方がある、と書きました。その目的の一つが、将来の選択肢を増やすためであるのは事実ですが、私はもっと根本的なところで、勉強の目的をとらえています。

教科書を読んで考える、授業を聞く、プリントの問題を解く。これらは知識の習得になる一方、「知性の向上」につながります。

実は、これが最も大切なことなのです。

知識と知性は似ているようでも、まったく意味は異なります。

知識とは、ある特定のことに対する記憶。コンピュータで言えば、メモリー機能がこれに該当します。

一方、知性とは、思考力、判断力などトータルなものであり、簡単に言うなら、どんな状況におかれても打開していける力です。

人間は誰しも、知性を高めたいという欲求を持っています。ですから、知性が高まるように子どもを導くと、喜んで勉強するようになります。

食欲が満たされると幸せな気持ちになるのと同様、知性の欲求も満たしてあげると幸福感が高まり、もっと知性を増やしたいと思うようになります。

おまけに、知性を身につけると、勉強だけでなく、友達との関わりにおいても得することがいろいろある。それを知っている子どもは、親にお尻を叩かれなくても、自分から進んで勉強をしようと思うわけです。

私の教室では、「知識」でなく、「知性」を増す指導法を実践していますが、残念ながら今の教育現場ではほとんど採り入れられていません。

子どもたちはテストでいい点を取るために勉強すると教えられ、ある子は点数を上げるために知識を黙々とため込み、またある子はどんどん勉強が嫌いになっていく。この根本を改革しない限り、脱ゆとりを提唱しようとも、日本の教育は変わらないのです。

知性を高めるということを、もう少し掘り下げてみましょう。

なぜ、人は知性を高めたいと思うのでしょうか？　理由は、その先に自己向上があるからです。

自己向上とは読んで字のごとく、自分自身を高めていくこと。知性は自己向上の一つのファクターなのです。

仕事に対するやり甲斐《がい》は、この自己向上から生まれます。仕事をすることで知性が高まれば自己向上が達成でき、仕事への意欲がさらにわく。技術の上達も自己向上の一つです。

自分のやりたい仕事で自己向上をしていけるのが、私たちにとって最も幸福な形です。

しかし、そうした自己向上ができる仕事の多くに、「学歴」という選抜があります。だからこそ、学校での勉強をしっかりとしなければいけない――と言えるわけです。

ただし、誤解のないよう付け加えるなら、自己向上は仕事だけでなく、趣味や習い事に求めることもできます。

事実、仕事とはまったく異なる趣味を持ち、その世界で才能を開花させている人たちも大勢います。

要するに、人生において、なんらかの形で自分自身を高めていけるかどうか。ここが大切なのです。

文部科学省が提唱する「生きる力」とは、本来、そうした方向に子どもを導くことにあると思うのですが、現実は……？

知性を高める五つの力を身につけよう

では、知性を高めるにはどのような勉強をしたらいいのでしょうか。
私が提唱しているのは、次の五つの力を身につけることです。

1、読む力　2、書く力　3、暗算力　4、論理的思考力　5、試行錯誤力

これらが身につくような学習を心掛けていれば、知性が高まり、勉強の難易度が上がっても柔軟に対応できるようになるのです。

では、それぞれの力の鍛え方をご紹介していきましょう。

1、〈読む力〉の鍛え方

「春はあけぼの。やうやう白くなりゆく山際、すこしあかりて、紫だちたる雲の細くたなびきたる。夏は夜。月の頃はさらなり、闇もなほ、螢の多く飛びちがひたる……」

改めてご紹介するまでもありませんが、これは清少納言の『枕草子』の書き出しです。学生時代を思い出して、声に出して読んでみましょう。おそらく、文章に独特のリズムがあることに気づくはずです。

そもそも日本語の文章というのは、意味を伝達するとともに、その語感の心地よさを伝えることにも重きが置かれていました。

もう一つ、例を上げましょう。

「親譲りの無鉄砲で小供《こども》の時から損ばかりしている。小学校に居る時分学校の二階から飛び降りて一週間ほど腰を抜かした事がある。なぜそんな無闇をしたと聞く人があるかも知れぬ。別段深い理由でもない。新築の二階から首を出していたら、同級生の一人が冗談に、いくら威張っても、そこから飛び降りる事は出来まい。弱虫やーい。と囃したからである。」

これは、夏目漱石の『坊っちゃん』の冒頭部分です。『枕草子』のような古典文とはまた違いますが、やはり心地いいリズムがあることがわかります。

こうした日本語独特のリズムをつかみながら読むこと。これが、読む力の基礎力になります。小学校の低学年の頃、国語の宿題に音読が出ませんでしたか？　子どもが教科書の文章を読んで、きちんと読めたらお母さんがしるしをつける。その学習はまさに読む力を養うためなのです。

今さら、と思うかもしれませんが、その音読をぜひ復活させてください。**古典文や名文と言われる文芸書を、一音一音切って声に出して読む。それだけで読む力は鍛えられるのです。**

もっとも、思春期の子どもに、「ほら、読みなさい」と言ってもプイと横を向かれてしまうでしょうから、たとえば、家族で順番に読んでいき、つっかえた人は罰ゲームなどと遊びの要素を入れるのも一つの手です。

もちろん、読書も大切です。子どもの本離れはますます深刻になっています。読書の時間は大幅に減って、代わりに増えているのが、ブログやツイッターなどのインターネットツールです。

ブログやツイッターも文字を読んでいることに変わりはありませんが、これらは短文で、意思の伝達だけを目的にしているため、どんなに読んでも、日本語ならではのリズム感を体得できないのです。

それが証拠に、読書の習慣のない子どもは、現代国語の長文問題に必ずつまずきます。文章を読むことにまず時間がかかり、なおかつ読解ができません。

我が子が日本語の読めない日本人とならないためにも、音読と読書を心掛けてください。

2、〈書く力〉の鍛え方

そもそも子どもが文章を書くことに苦手意識を持つのは、学校で書かされる作文に原因があります。学校の作文は、型通りの形式で、エピソードをちょっと交えながら、優等生的な内容を書けばよい評価がもらえます。ある意味、マニュアルに沿って書けば誰でも書けてしまうのが、学校の作文なのです。これでは、文章を書くことが楽しいと思うはずはありません。

では、どうすれば書くことが楽しくなるのか。とっておきの方法は、嘘の話――つまり空想のストーリーを自由に書かせることです。

男の子は好きなように絵を描かせると、動物園に恐竜が出現したり、空にロボットのような珍獣が飛んでいたりと、「あり得ない」世界を嬉々として描きます。文章もそれと同じ。舞台が未来の都市でもいいし、主人公に羽根が生えていてもいいのです。

頭に浮かんだことを、自由に書かせれば、書くのが苦手な子どもも喜んで書くはずです。

物語を書くのに抵抗があるようなら、論文でも構いません。原発問題、環境問題、自分の家族についてなど、書きやすいテーマを自分で選ばせるといいでしょう。作文のような建前は抜き。自分が思ったこと、感じたことを素直に書かせるのがポイントです。

ただし、物語でも論文でも、一つだけ条件をつけてください。**それは読者である親や友達が面白く読めるように書くこと。**

「文章は料理と同じ」と私は子どもたちによく言います。肉、玉ねぎ、ニンジン、ジャガイモというういつもの材料であっても、おいしいカレーになるよう工夫をすると味わいはぐっと豊かになり、食べる人も喜んでくれます。

文章も書き手の味付けやスパイスのきかせ方次第で、面白くすることができるのです。しかも、この条件をつけるだけで、クライマックスを盛り上げるために起承転結をつけたり、細かい描写をしたりと書き方を工夫するでしょう。それが書く力を鍛えることになるのです。

もっと自由に書かせるには、ペンネームを使うのもよい方法です。私の教室でもペンネームにしていますが、私が想像もしないような発想が生き生きと書かれていて感心したり、笑ったり。

人に読んでもらうことが楽しいとわかれば、書くことに抵抗がなくなり、書く力がぐんぐん育っていくことは請け合いです。

3、〈暗算力〉の鍛え方

では、まず17×18を暗算で解いてみましょう。やり方はいろいろありますが、たとえば、17の10倍が１７０で、17の8倍は１３６。１３６と１７０を足せば、３０６という答えが導きだせます。

この、計算式と答えがすぐにはじき出せるのが暗算力です。

筆算との違いは、まず応用力が求められること。18を10と8に分けて、別々にかけるという発想がないと、スムーズに計算できません。さらに必要になるのは、メモリー機能。17×8＝１３６という数字が出た時に、最初に計算した１７０という数字を覚えていないと足すことができないからです。また、17×18＝17×2×9＝34×9と変型させて、34の10倍の340から34を一つ引いて340－34＝306とすることもできます。

暗算力が向上すると、数学の成績が上がるだけでなく、なにか質問された時に、すぐに的確な答えが導き出せたり、機転がきくようになります。

賢い人のことを「頭がキレる」「頭の回転が早い」という言い方をしますが、それはまさに暗算力のなせる業《わざ》。頭の回転が早くなれば、人に騙《だま》されることもないでしょう。

鍛え方は、とにかく繰り返し練習することです。といっても、わざわざ机に向かう必要はありません。家族で食事に行った時なら、

「お父さんが頼んだとんかつセットは1980円、お母さんのトマトスパゲティは1260円、キミのハンバーグセットは1840円。合わせていくらになる？」

と計算させたり、

「うちの食費は毎月65000円なんだけど、1年間だとどのくらいになる？」

などと身近な数字を引き合いに出して、暗算で計算させればいいのです。これが習慣になると、紙の上での筆算や、計算機に打ち込むのが逆に面倒になるはずです。

4、〈論理的思考力〉の鍛え方

論理的というのは、伝えたい考え（主張）と結論が、十分な論拠のもとに正確に説明・実証できる状態です。その工程を踏んで、物事が考えられるのが論理的思考。

たとえば、未成年者はタバコを吸ってはいけないという主張を伝える場合、タバコを吸うのは20歳以降に限ると法律で決められていること、喫煙の吸飲によりニコチン、タールが身体の成長を妨《さまた》げることなど論拠を伝えて「だから、いけない」と結論づけられるのが論理的思考です。

この対義語は感情的思考。「未成年者がタバコを吸うのはいけないことだから」と闇雲に叱るのが感情的思考にあたるわけです。

論理的思考が優れている人は、自分の考えを理路整然と伝えられるのはもちろん、人の話を聞いていても途中で帰着点を見いだすことができます。もし、その帰着点がA、B、Cの三通りあるとしても、その先の話の展開から、BとCが消去されれば、おのずとAが答えだとわかるわけです。

この能力が有効になるのは、将来、仕事に就《つ》いた時です。相手よりも速く論理的思考ができることで、商談など交渉の場において自分のペースで展開できます。帰着点が早く見いだせれば、相手を説得しやすくなります。これに、先の暗算力が加われば、ビジネスパーソンとしては鬼に金棒でしょう。

この論理的思考力は、数学によって鍛えられます。方程式はまさに論理的思考の積み重ねですし、暗算の訓練も物事を論理的に考える力になります。

遊びなら、パズルや囲碁や将棋がお薦めです。先を読み、そのためには今、どんな手を打つかを考える。これが論理的思考のトレーニングになるのです。

5、〈試行錯誤力〉の鍛え方

試行錯誤する力を身につけるメリットは、大きく二つあります。

一つは、結論を導き出すために多くの道筋があることが理解できる。

これによって生まれるのは柔軟性です。

Aという結論に到達するのには、Bという方法もあれば、Cという方法もある。もし、Bがうまくいかなくなったら、Cに乗り換えるといった柔軟な考えが持てるようになります。

二つ目は、自信が持てること。自分自身で検証した結果、Aという結論に到達したならば、それは盤石《ばんじゃく》なものになる。外野がなんと言おうと、自分はこの方法が最善だと思うときっぱり言い切れるわけです。

お母さん方にとって卑近な例では料理があるでしょう。塊《かたまり》の肉を焼くのに、200℃のオーブンで30分焼くのがいいのか、250℃で20分焼くのがベストなのか、実際に試して検証するのはまさしく試行錯誤。その経験があれば、肉の大きさなどで柔軟に温度や時間の設定を変更できるようになるはずです。

ところが、世のお母さんの多くは、子どもの試行錯誤する機会をわざわざ奪ってしまっています。

たとえば、子どもが料理しようと思い立った時には、横に立って、よく炒めろとか、調味料はここで入れなさいとか細かく指示を出す。それでどんなにおいしい料理ができたとしても、子どもには少しの成長もありません。

ポイントだけ教えて、あとは子ども自身に工夫させること。これが試行錯誤力を鍛える上で肝心なことなのです。

前の章でも書いた通り、私の試行錯誤力は、自転車探検で鍛えられました。同じ目的地に行くのでもさまざまな道を通って、どの経路がベストなのかを調べたり、時にはあてどなく延々と線路沿いを走ったり。

先の論理的思考と同様、パズルや囲碁・将棋も試行錯誤力を鍛えるのには有効です。ともあれ、子どもは試行錯誤をしている最中に頭が良くなっていく。くれぐれも邪魔はしないでください。

二字の抽象語は賢さを生む

まずは質問です。「観念」と「理念」、この違いを答えられますか？

なんとなくニュアンスはわかっても、明確な意味を言葉で表現するとなると、考え込んでしまうのではないでしょうか。

「観念」とはある物事に対する広い考え方を指し、その観念の中でも核となる部分や理想となる部分を抽出したのが「理念」です。つまり、「理念」は「観念」の部分集合といえます。

学習内容が高度になるほど、こういった二字の漢字からなる抽象語が増加します。教科書、参考書、試験問題……。特に、現代国語の穴埋め問題では、抽象語が決め手になることがよくあります。**抽象語の理解度は知識の習得に大きな影響を与えるのです。**

これは私の経験則ではありますが、抽象語を使いこなせる人は、高学歴で、国家試験の合格率も高い。日本社会のヒエラルキーにおいて、頂点に近い位置にいることができるように思います。

もっとも、抽象語は辞書を丸暗記しても使いこなすことはできません。先の「観念」を辞書で調べてみると、1　物事に対してもつ考え。2　あきらめて、状況を受け入れること。覚悟すること。3　哲学で、人間が意識の対象についてもつ、主観的な像。表象。心理学的には、具体的なものがなくても、それについて心に残る印象。4　仏語。真理や仏・浄土などに心を集中して観察し、思念すること。観想。

と出てきます。どうですか？　これを頭に入れたところで、観念という言葉を正しく使うことはできませんよね？

そこで、家庭で実践してほしいのが、抽象語を交えた会話です。子どもと話す時はもとより、夫婦の会話でもできるだけ抽象語を入れる。日頃から触れていれば、試験問題に出てきてもひるまずにいられますし、漢字の意味から正答を推察できることもあるのです。

たとえば、高校受験の志望校について家族で話すときなら、このような会話になります。

「A高校はスポーツに長《た》けた学校という観念があるかもしれないけれど、文武両道が理念なんだ。どう？　いいと思わない？」

「ただ、A高校に行きなさいと主張しているわけではないの。この高校のほうがあなたに向いているんじゃないかと示唆《しさ》しているだけ」

「まぁ、学校を見学して、熟考してみることだな。お父さんはキミの選択を尊重するよ。自分が決めた道に邁進《まいしん》するのが一番だから」

やや堅苦しい印象があるかもしれませんが、それほど違和感なく取り入れられるのではないでしょうか。子どもに意味を聞かれたら、その場で教えてやることも大切です。

もちろん、ニュースや新聞から漢字二字の抽象語を拾えば、もっと幅広い言葉に触れられます。

お父さんやお母さんが意味を説明できない時には、「わからないから、調べて教えて」と促《うなが》す。親も賢くなれるのですから、一石二鳥だと思いませんか？

「覚える力」をトレーニングする

〝覚える力〟というと暗記をイメージする方は多いでしょう。暗記とはひたすら頭に叩き込むこと。漢字でも英単語でも、暗記をすれば、それなりにテストでもいい点数が取れるかもしれません。

しかし、暗記力には限界があります。人間の脳は、コンピュータのようにメモリーが一杯になったら増設するということが簡単にはできません。いつか行き詰まって、勉強すること自体が嫌になってしまう。そんなケースを私は山ほど見てきています。

私が考える〝覚える力〟とは、「鮮明なイメージ」と「素早い連結」にあります。両者を駆使すれば、無限に記憶ができると言っても過言ではありません。

まず、鮮明なイメージとは、映像を頭に浮かべて覚える方法です。簡単な例を挙げるなら、「象」と聞いた時に「象」という文字が頭に浮かび、なおかつ鼻の長い象の姿を思い描けるようにすること。

たとえば、一度、通ったことのある道なのに迷ってしまうのは、その道を鮮明に映像化していないために起こります。二本目の角にコンビニがあって、そこを曲がるとクリーニング屋さんがあり……、と映像を観るかのように脳裏に刻んでおけば、間違えることはなくなるわけです。

私はこれを「焼く」と呼んでいます。漢字でも英単語でも映像として頭に焼き付ける習慣をつけると、覚える力は格段にアップします。

先に述べた暗算する力も同じ。頭に数字を思い浮かべて筆算をすれば、桁《けた》が増えても簡単に計算できるのです。

教師には「書いて覚えろ」という人もいますが、書くというのも、実は映像を頭に焼き付けるためのプロセス。だったら、最初から映像として頭に焼き付けても同じで、わざわざ書かせるのは非効率的。実際、私はまず映像で覚えさせて、確認のために紙に一度だけ書かせるという指導をしています。

こうした映像化による記憶を習慣としているのが、囲碁や将棋のプロ棋士です。対局後に自分と相手が打った手を最初から順番にノートに記《しる》すのは、棋士のトレーニングの一つ。映像による記憶がなくては、棋譜を記すことはできません。だから、プロ棋士は記憶力が秀《ひい》でているのです。

実際、将棋の羽生善治《はぶよしはる》さんは、頭の中で盤面をイメージできるため、将棋盤はいらないと言いますし、故・升田幸三《ますだこうぞう》名人はまさに記憶の天才。何羽もの鳥が飛んでいる写真を一瞬見ただけで記憶し、頭の中で鳥の数が数えられたというのは有名なエピソードです。

一方、「素早い連結」というのは、ある事柄を他の事柄と一緒に覚える方法です。ウサギと聞いた時に、雪、ニンジン、南天の赤い実など連結させて記憶する。オーストラリアと言われたら、カンガルー、コアラ、牛肉などを思い浮かべるとか。

そうやって、一つのことを多くのことと結びつけて覚えると、記憶のバリエーションが広がり、忘れた時にも思い出しやすいのです。

言語においては、対義語や派生語を一緒に覚えたほうが効率は俄然、良くなります。「主観」といったら「客観」「抽象」なら「具象」とか、英語でも単語一つ一つを覚えるよりも、「subject」「object」「subjection」「objection」「subjective」「objective」といったように記憶すると覚えやすく、どれかを忘れた時にも他の一つを手がかりとして思い出せます。

頭の中で明瞭に見えなかったものが、どうして覚えられるのか。と、逆に言いたいぐらいです。

社会と理科はなぜと問う力

社会科と理科が苦手という子どもに理由を訊くと、大抵、「覚えることが多いし、つまらない」という答えが返ってきます。社会科と理科は暗記の教科と思い込んでいる子どもも多くいます。実際学校の授業ではただ事実を羅列して、とにかくそれを覚えるよう指導される。つまらないのも当然です。

本来、社会科と理科は、「なぜ」と問いかける力を養うための学問です。知識を身につけるのは、ある意味、二次的なもの。「なぜ」を突き詰めていくところに面白さがあり、そのプロセスによって、「なぜ」と問う力もおのずと養われるのです。

日本史であれば、743年に「墾田永年私財法」が発布されたのはなぜか。鎌倉時代の元寇はなぜ起きたのか。

理科であれば、質量保存の法則はどう役立つのか。アインシュタインの重力とニュートンの万有引力はなにが違うのか――。

幼い子どもは「なんで夕日は赤いの？」「鳥が空を飛べるのはどうして？」とさまざまな素朴な疑問を投げかけます。つまり、人にはもともと「なぜ」を問いかける力が備わっているのです。

ところが、日本では教育を受ければ受けるほど、なぜと問う力が奪われてしまう。これでは知性が高まるどころか、知識の吸収もままならないわけです。

学校教育でつかない力は、家庭で埋めるしかありません。

たとえば、テレビのニュース番組を観ながら、「消費税って、これから10％に上がっていくのかな。なんで消費税を上げないといけないんだろうね?」と問いかけたり、「ペットボトルにお茶を入れて凍らせたら、こんなに膨らんじゃった。なんでだろう?」などと、さりげなく疑問を持つよう働きかけます。

もし、子どもから「なぜ?」と聞かれた時には、「なぜだろうね。調べてみたら?」と促し、親も一緒になって調べるのもいいでしょう。

この時、たとえ答えがわかっていても、すぐには教えないこと。「インターネットにサイトがあったよ」「あの本に詳しく載っていたかも」とヒントを与えるか、時間が許すなら、博物館や歴史の舞台となった場所に連れていくのも一つの方法です。

そして、「せっかく調べたなら、まとめてみよう」と促せば、文章の練習にもなる。親のほうが熱くなってしまうこともあるかもしれませんが、それもまた、子どもにとってはよいお手本になるはずです。

そうやって、「なぜ」を自分で解明すれば、教科書で得るよりも深い知識が身につきます。

疑問が解ける面白さを感じたなら、「なぜ」と考えることが習慣になる。これこそが、知性の原点だと私は思います。

よく遊んだ子どもは頭がよくなる

私はこれまでの著書の中で、男の子を遊ばせなさいと訴えてきました。もちろん、ここで言う〝遊び〟とは、テレビゲームのようなスイッチを入れる遊びではありません。木登りやザリガニ釣りなど自然の中での遊びや、鬼ごっこ、缶蹴りといった群れ遊び、パズルなど頭を使う遊びが子どもには必要なのです。

こうした遊びを幼児期から十分にしてきた子どもは、いよいよ本腰を入れて勉強しなければならなくなった時に、気持ちの切り替えがスムーズにできます。

この理由をお母さん方にお話しする時、「空っぽのカゴをイメージしてください」と申し上げています。男の子はみんな心の中に空っぽのカゴを持っていて、遊びを通して得た経験をそのカゴにどんどん溜め込んでいく。それがいっぱいになって、もうこれ以上は入らないという状態になると、自然に遊びから勉強に気持ちが向く。

しかも、遊びで得たさまざまな経験は生きる力になり、勉強に役立つこともある。

たとえば、木登りの時に枝のどこに足をかければ折れないかという知恵は、テコの原理につながっていったり、パズルは前述の通り、論理的思考を育むことになるのです。

「遊んでばかりいないで、勉強しなさい」

と叱るお母さんは多いのですが、遊びも勉強のうちと思って、大いに遊ばせてやってほしいと思います。

加えて、もう一点、幼児期にさせておきたいのが、何か一つのことにのめり込む体験です。その対象は昆虫採集でも植物の栽培でも鉄道でもなんでも構いません。親に与えられたのでなく、子どもが自発的に興味のあることを見つけて、周りの声が聞こえなくなるほどグーッと集中する。ここがポイントです。

実は、これ、イタリアの教育者、モンテッソーリが提唱しているメソッドなのですが、私の教え子でも、必死に勉強しなくても良い成績が取れる子どもは、大抵、幼児期にこうした体験をしています。翻《ひるがえ》せば、五感が育つ幼児期にこの経験をさせれば、賢い子どもに育つといえるわけです。

こういった遊びや興味のあることに集中する体験は、思春期を迎えた子どもには時期すでに遅し……と思いきや、実際はそうとも言いきれません。
　ある時、私のもとに昔の教え子から電話がかかってきました。東大を卒業して広告代理店に就職した彼によれば、広告代理店というクリエイティブな職場で能力を発揮するのは、早稲田や慶応よりも、明治や法政、立教といった、いわば〝二番手〟の私立大の人たちだと。なぜかと言えば、中学時代も高校時代も部活動に打ち込み、文化祭や運動会などの学校行事も目一杯楽しんで、さらに恋をしたり、失恋したりと、さまざまなことを経験している。だから、面白いアイデアを次々と思いつくらしいのです。

　確かに、中学から勉強一筋の東大生や、東大を目指しながらも早稲田や慶応に入った学生は、青春の楽しい時期を勉強に時間を取られて経験数が圧倒的に少ない。それでは面白い企画も浮かばないでしょうし、コミュニケーション力の低さからコンペで他社と競った時にも分《ぶ》が悪くなるでしょう。

　勉強ができるに越したことはありませんが、勉強以外のことで情熱を傾けた経験がどれだけあるのかも、これからの時代、より必要になっていくと思います。

塾とかしこくつきあう

お子さんの教育に関して、よく相談を受けるのが塾選びです。時期として多いのは、だいたい5月下旬から6月初旬頃。新年度から塾に通わせ始めたところ何かしっくりいかず、夏期講習を受けるべきなのかを悩んで相談にみえるというパターンが多いようです。

A君のご両親が私のところに来たのも、まさに夏期講習の呼び声が高まる頃でした。A君はその頃、小学4年生。受験シーズンが一段落した2月の終わり頃から、駅前によくある大手の有名進学塾に通わせ始めたそうです。

当初は理科と社会を含めた4教科を選択していましたが、あまりの宿題の多さにA君が音《ね》をあげて、入塾早々に国語と算数の2教科にコース変更。それでも宿題の量が多いことに変わりはなく、「週一回の塾通いさえ嫌がるようになった。どうしたらいいのか」とご両親は嘆くのです。

そんなご両親の傍《かたわ》らで、当のA君はシャツの下から手を入れて、その手をごにょごにょとしきりに動かしています。そのうち、手遊びにも飽きてしまったのか、指をくわえ始めました。

その姿を見て、私はすぐに察知しました。退行現象です。つまり、「赤ちゃん返り」をしてしまったのです。

退行現象は、予想もしない面倒な事態に巻き込まれた時などに、意思表示をうまくできない子どもによく起こります。弟や妹が生まれて、かまってもらえない寂しさから赤ちゃん返りをすることはよくある話ですが、A君は一人っ子です。

以前からこういう癖があるのかとご両親に伺ってみると、塾に行き始めてからだと言います。その塾通いは、A君の希望ではなく、ご両親が勧めて始めたこと。友達の多くが塾に通っているので、「うちも入れた方がいいのではないか」と考えたそうです。

「本人は塾に行くより遊んでいたかったようですが」

とのご両親の話から、私は「やはり」と思いました。退行現象の原因は、A君の場合、間違いなく塾通いです。本人の意志とは関係なく、合わない環境下に置かれ、大量の宿題をやらされていたことが退行現象を引き起こしてしまったのです。

そこで、私はこんな質問をしました。「ところで、A君は早生《ワセ》と晩生《オクテ》のどちらのタイプだと思いますか？」

説明するまでもなく、農作物には成長の早い早生種と、ゆっくり成長する晩生種があります。同様に、子どもの発育も早生型と晩生型の二タイプに分けることができます。そして、実は、この早生か晩生かということが、塾選びと深く関わっているのです。

A君の場合、小学4年生でも、見た目やしぐさは小学校低学年――いや、おもちゃを握ったまま寝てしまう幼児のような印象を受けました。その印象は間違いではなかったようで、お父さんは迷うことなく、

「うちの子は晩生ですね。私自身もそうでしたから、遺伝なのかもしれません」

とおっしゃいました。

その答えを聞いて、私はきっぱりこう申し上げました。

「少なくとも、今通っている塾はA君には合ってないのです。すぐに辞めさせることをお勧めします」

なぜ、私がこのように断言したのか。理由は追い追い書くとして、まず、塾の内情から知っていただきたいと思います。

進学塾と一口に言っても、いろいろな種類がありますが、塾選びをする時にすぐに目にとまるのは、大手の有名進学塾でしょう。

ちょっと賑わう駅であれば、駅前には、大抵、この手の塾が勢揃いしています。それを見て、私はいつも外食産業のチェーン店を思い浮かべずにはいられません。駅前にずらりと揃うところはもちろん、経営スタイルが両者は非常に似通っているのです。外食チェーン店は、店舗数と立地が勝負です。駅前など人が集まりやすい場所に、いかに数多く出店するかで業績は左右されます。大手の進学塾も然りです。集客のよい好立地に新しい教室を次々と出し、それによって利潤を追求している企業なのです。

ですから、生徒集めにもあの手この手を使います。広告代理店に依頼して見栄えのする広告を打ったり、最近は共働きの家庭が増えていることもあって、「ご両親が帰宅するまでの時間は、当塾でお子さんを預かってバッチリ勉強を教えます」というような、託児所代わりにもなる点をうたい文句に勧誘するところもあるほどです。〝商品〟に対するスタンスも両者には共通点があります。セントラルキッチンで大量生産したものを提供する外食チェーンに対して、大手の塾は指導法をメソッド化してテキストを大量印刷し、それに沿って子どもを指導していく。どちらもある意味、工業化されているのです。

しかも、店長――塾で言えば教室長には、多少、経験のある社員を据えるものの、スタッフである講師陣は、すべて大学生のアルバイト。テキスト至上主義の大手塾は、チェーン店同様に、スタッフがプロである必要はないのです。

その点が、地元の子どもたちを集めて、細々と教室を開く個人塾との大きな違いです。そもそも塾というのは、それほど儲かるビジネスではありません。であるにもかかわらず、大手の塾が全国各地に教室を展開できるのは、チェーン化された経営方式に秘密があるのです。

ここで、ちょっと裏話を。大手進学塾の講師アルバイトというと、高給取りのイメージがありませんか。特に一流大学に通う学生は引く手あまたで、時給も他の学生よりも高そうです。しかし、私の教え子たちの話によれば、1時間当たり1500円前後と一般のアルバイトより少し高い程度。夕方6時~10時までの4時間労働で日給1万円という高待遇を打ち出していたある進学塾も、蓋を開けたら、「テキストの準備を午後2時には来てするように」とのお達しが下り、結局は8時間労働。「時給にしたら1200円ほどにしかならないし、おまけに電話番までさせられるんだから、たまったものじゃないですよ」と、こぼしていました。

家庭教師ならもう少し高そうな気がしますが、大手が経営する家庭教師派遣会社では、生徒の自宅まで行って勉強を教えて、一回あたり2000円ほどしかもらえないようです。つまり、経営の規模が大きなところほど、本社の上層部だけが甘い蜜を吸えるようなシステムになっているというわけです。

話を元に戻しましょう。では、外食のチェーン店が必要ないかと言われると、決してそうではありません。忙しい時にファストフード店に駆け込めば、さっと手軽にお腹を満たせることができて便利ですし、値段の面から懐《ふところ》具合が厳しい時にも頼りになるでしょう。私たちは「チェーン店だから、サービスも味もこの程度」と割り切って利用しているわけです。

大手進学塾も、「教えてもらえるのはこの程度」とわかった上で子どもを通わせていればいいのですが、残念ながらその点を多くの保護者の方々は誤解しています。「一人一人に目を配って、それぞれに合った学習をさせますよ」という宣伝文句を鵜呑みにして、言うなれば、ファストフード店に一流レストラン並みの味とサービスを求めてしまっているのが現状なのです。

はっきり申し上げますと、**大手の進学塾に通って意味があるのは、成績が上位三分の一に入る子どもたちだけです。**成績優秀な子どもたちを特待生にする塾も多くありますが、それは彼ら彼女らが有名私立中学に合格すれば、集客率がアップして、業績をさらに伸ばせるから。受験シーズンになると、「○○中学　××名　合格」といった実績が華々しく掲示されます。その実績を見て、塾選びをするご家庭は多いでしょう。まさにそれが進学塾という企業の思惑なのです。

実際、大手の有名塾の教え方は、たとえ能力別クラス編成であっても、「子どもそれぞれの学力に合わせて手取り足取り丁寧に」ということはまずありません。先にも書いたように、いくつもの大量印刷したテキストを渡されて、それを進めていくのが基本方針なのです。

上位三分の一に入っているような子どもなら、そのスタイルでも自分で勉強を進められるでしょうし、たくさん宿題が出ても、こなしていけるでしょう。その結果、学力を確実に伸ばしていくことができます。

しかし、もともと勉強の習慣がなく、塾の授業についていくのがやっとで、大量の宿題にヒーヒー言っているような子どもは、成績が伸びるどころか、ただただ本人が辛い思いをするだけ。

万が一、中学受験に失敗したら、「お宅のお子さんは、テキストをちゃんとやらなかったですよね」のひと言で片付けられてしまうのがオチです。すなわち、高い塾代を払って大手の進学塾に通わせてもまったく意味がなかった、ということになるのです。

それなら、個別指導の学習塾に通わせればいいのではないか、と思うかもしれませんが、集団で授業をする塾と状況にさしたる違いはありません。個別指導といっても、大抵は、2~3人の講師（もちろん、アルバイトの大学生です）が、机に向かう子どもたちのところを回って勉強をみていくだけ。

自分で勉強を進められる子どもなら、わからないところを質問してじっくり教えてもらうこともできますが、〝どこがわからないかもわからない〟ような子どもでは、ちょっと頭のいいお兄さんと一緒に勉強できてよかったという程度の成果しか得られないのです。

もし、どうしても塾に通わせたいのであれば、子ども一人一人に目を配り、丁寧に勉強をみてくれる地元の個人経営の補習塾に通わせたほうが実になるでしょう。

さて、進学塾の内情を知っていただいたところで、先ほどの早生か晩生かという話です。

子どもの心の発育というのは、決して一様でなく、早生――つまり、早熟型の子もいれば、晩生型の子もいます。どちらが良い悪いでなく、あくまでも個々の成長曲線の違いです。小学生で大人並みの背丈《せたけ》になる子もいれば、中学や高校に入ってから一気に背が伸びる子もいるのと同じことなのです。

そのような差がつくのは、一つに生まれ月の違いがあるでしょう。早生まれの子どもは、その分、同じ学年の子にくらべて心の発達も遅く、年齢よりも幼くなりがちです。もう一つは、先ほどA君のお父さんが言っていたように、遺伝もあるでしょう。ご両親のどちらが晩生型であったなら、やはり子どももスローペースで育つことが多いようです。

小学校までについていた両者の差は次第に縮まっていき、私の経験で言うと、だいたい14歳――ちょうど思春期を迎える頃には晩生の子どもも早生の子どもに並びます。遅いからといって心配する必要はないのですが、教育でもしつけでもそれを考慮してやるべきでしょう。

塾に関していえば、大手の有名進学塾でやっていけるのは、早生型の子どもです。大人びた考え方ができるので、多少無理がかかったとしても、塾の方針に合わせて大量の宿題も我慢してやりこなせるはずです。

一方、晩生型の子どもは、いわゆるネンネですから、嫌だと思ったら我慢がききません。せっかく塾に入れても行きたがらなくなり、相談に来たA君のように退行現象を起こすなど、なんらかの問題を抱えてしまうこともあるのです。

であれば、無理に大手の進学塾に通わせる必要はない、と私は考えます。私立中学の受験も、晩生の子どもにはお勧めしません。勉強は必要最低限のことだけが頭に入ればよしとして、塾に行く時間を子ども時代にしかできないような遊びに費やさせたほうが遥かに有意義です。

もちろん、スポーツをさせるのもいいでしょう。**できるだけ多くの体験をさせてやれば、エネルギーが蓄積されて心も育ち、中学になって塾通いをするようになっても、今度は集中して取り組めるはずです。**

多くの体験を積んだ上で、その中から本当に自分がやりたいことを見つけて絞り込めれば、これほど強いものはないでしょう。

昨今、まるでブームのように中学受験熱が高まっていますが、我が子を顧《かえり》みずにそれに踊らされてもいいことは一つもありません。

ちなみに、私自身も子どもの頃は晩生中の晩生でした。だからこそ、「ゆっくり育つのも悪くない」と胸を張って言えます。

第 5 章

男の子を
グングン伸ばすには

男の子の自信を育てるには

人間というのは、本来、誰もが頭が良いもので、勇気も持っている。私はそう確信しています。すべての人が素晴らしい能力を秘めているのです。だからこそ、この地球上で何百万年もの間、生き残ってこられた。そう思いませんか？

ただし、その能力は潜在しているのです。誰かが見つけて引き出してあげなければ、埋もれたままになってしまいます。それではあまりにもったいない。

本題の「自信」も然りです。自信とは「自らを信じる力」。人間の中にはもともと自信の〝種〟があるのです。

その種を育てるのは「体験」以外のなにものでもありません。

一昔前の男の子たちは、普段の遊びの中で自信を育てるような体験を数多く重ねることができました。

たとえば、木登り。小さいうちは木にしがみつくことさえできなくても、年上の子どもたちが登る様子を真似しながら、少しでも高く登ろうと努力をしたものです。「落ちるんじゃないか」「枝が折れたらどうしよう」。そんな恐怖心も克服しながら、目標にしていた一番高いところに到達した時の達成感と優越感たるや……。そこで得られる自信は、次のチャレンジにつながっていきます。

しかし、残念ながら、都市部において木登りができる環境はありません。公園に木はあっても、大抵、木登りは禁止。登ってよしとされていても、「危ないから登っちゃダメ」と親が歯止めをかけてしまい、お手本を示してくれる年上の友だちだっていません。その結果、公園はいつしかカードゲームや携帯型ゲームをする〝たまり場〟になってしまったわけです。

カードゲームはいかに強いカードを集めるかが勝敗を分けます。そのカードは基本的に買って増やします。つまり、おこづかいの多い者勝ち。資本主義の申し子のようなゲームです。携帯ゲームにしても、第3章で書いたように、バーチャルな世界での戦いであって、クリアできれば自慢にはなりますが、自信には結びつきません。

そんな状況下で、子どもの自信の芽を育むには、意識的に、自信を生み出せる体験をさせるしかないことになります。

努力しなければ到達できないちょうどよい課題を与えて、出来た時には、上手にほめる。

この場合のほめ方は、単に「すごいね」「えらいね」では心に響きません。努力して達成したその行為を具体的に言って認めてやる。たとえば、「カッコイイ！」そうやって親に認められることが自信になるわけです。これを繰り返していくのが、最善の方法でしょう。

たとえば、鉄棒の逆上がりができなかった子どもが、何度も練習してできるようになったのなら、素直にほめてあげてほしい。その子なりの目標がクリアできればいいのです。「暗くなるまで頑張っていたよね」と努力の仕方をほめるのもいいでしょう。

もし、お手伝いをしてくれた時には、「ありがとう。助かったわ」という感謝の気持ちを付け加えるのもポイントです。人に感謝されることで得られる喜びは、人間が持っている潜在能力を引き出す力があるからです。

もっとも、人生は上手くいくことばかりではありません。努力しても思いが叶わず、

挫折することだってあるのです。

この話をする時、いつも思い出すのはある男の子とお父さんのエピソードです。その子は勉強もスポーツも今ひとつだけれど、釣りだけは得意。釣り同好会の会長にもなるほど、大の釣り好きです。

彼はある時、カジキマグロを釣ろうと計画し、お父さんと一緒にハワイに行きました。ボートに乗り込み、早速、カジキマグロを狙ったものの、何時間たっても糸は揺れなかったそうです。

お父さんが「今日は諦めて帰ろう」と声をかけたその時、強い〝引き〟がありました。カジキマグロにヒットしたのです。

相手は200キロを超す大物です。駆け引きをしながら、1時間ぐらいかけて慎重にたぐり寄せていきました。そして、もうあとわずかというところで、彼の目の前でパーンと音を立てて釣り糸が切れてしまったのです。

その男の子はひどく気落ちして、ホテルに帰ってからも虚脱感からぼーっとしていました。すると、お父さんがこう言ったのです。

「俺は釣れなくて良かったと思うぜ。もし釣れたら、世の中、自分の思い通りになるもんだって、お前、思っちゃうじゃん。人生、そんなに甘くないよ」

「人間万事塞《さい》翁《おう》が馬」の格言もあるように、人生には良いこともあれば悪いこともあります。

大切なのは、努力しても叶わなかった時、気持ちを切り替えて、さらに向上していけるかどうか。

挫折を乗り越えられた時、確固たる自信が得られるのだと思います。

男の子にガッツをつけるには

ガッツという言葉から連想するのはスポーツの世界でしょう。厳しい練習にも弱音を吐かず取り組む姿や、積極的で勇気のあるプレーに対して、「ガッツがある」という言葉がよく使われます。

だから、ガッツをつけるにはスポーツをさせればいいかというと、そうではありません。私からすると、スポーツで培《つちか》ったガッツは、どこか希薄な気がしてなりません。単に、体力のあるなしの問題だけ、という場合も多いからです。

男の子に求められる本当のガッツとは、最後まで物事をやり遂《と》げる力です。

高い目標に対して、くじけそうになりながらも諦めずにやり遂げる。その力こそ、ガッツだと思います。

粘り勝ちという言葉があるように、勝負ごとにおいて、粘りは勝利を引き寄せます。もちろん粘っても結果に結びつかないこともありますが、それでも最後までやり遂げれば得るものが多く、次につなげられます。途中で諦めてしまうと、そこには何も残らないのです。

そうした粘り強さを持った子どもは、受験でも、将来就いた仕事でも、もちろん、スポーツにおいても、力を発揮できるようになります。

たとえば、サッカーの長《なが》友《とも》佑《ゆう》都《と》選手。彼は大学時代にレギュラーの座はおろか、ベンチにすら入れない時期があったそうです。それでも諦めずに努力を重ねた結果、プロ入りし、日本代表に選出され、そして、イタリア・セリエAの名門、インテルに入

団を果たしました。(二〇一九年現在は、スュペル・リグのガラタサライ所属)

彼に限らず、第一線で活躍する人たちは、諦めずに続けることの大切さを知っています。勝ち組、負け組という言葉はあまり好きではありませんが、あえて言うなら、粘り強さを身につけた者は勝ち組になれるのです。

子どもにもガッツのある子とない子の違いは鮮明に分かれます。塾で囲碁や将棋のようなゲームをしていても、最後まで諦めない子はやはり勝率も高い。劣勢の中、土壇場で逆転勝利という場面もよく目にします。

反対に、ガッツのない子は、負けが込み、形勢が悪くなると「やーめた」と席を立ってしまうこともしばしばです。そういう子は、諦め慣れしているとでも言うのでしょうか、途中で頓挫《とんざ》してしまうことに抵抗感がないのです。

では、子どもにガッツを身につけさせるにはどうしたらいいのでしょうか。

これはもう、何かに挑戦させて、なし遂げた時の気持ちよさを経験させるに限ります。

挑戦するのは、その子が興味を持ちそうなものならなんでも構いませんが、個人的にお薦めなのは山登りです。

山登りには頂上に立つという目標が明確なので、達成感が味わいやすい。親も一緒に登れば励みになりますし、引き返そうと言い出したら「あともうひと息。頑張ろう」と叱咤激励《しったげきれい》できます。

急勾配《こうばい》の山道を登り続けるのは辛いものですが、頂上からの景色を目にした時、「途中で諦めなくてよかった」ときっと思うことでしょう。

ちなみに、テレビゲームや携帯ゲームも目標をクリアするという点では同じですが、所詮はバーチャルな世界です。失敗したらリセットボタンを押すだけ。

そこには、投げ出したくなるような辛さも、粘りに粘って手に入れたリアルな達成感も存在しないのです。

男の子の集中力を育てるには

「うちの子は、授業中にきちんと座って先生の話がきけないんです」

小学生の男の子のお母さんから、そんな悩みをよく聞きます。授業に集中できないから、当然、成績も今ひとつ。そこもまた悩みの種です。

これが小学校高学年から中学生になると、さすがに授業中に立ち歩く子は少なくなるものの、勉強を始めてもすぐに別のことに気がいってしまい、部屋を覗《のぞ》くとマンガを読んでいたり、ゲームをしていたり。

勉強を始めても、すぐに別のことに気がいってしまう。

お母さんが我が子に集中力をつけたいと思うのは、そんな場面を目にした時でしょう。

いささか唐突ですが、では、そもそも集中力とはなんだと思いますか？

一般的には、「ある特定の事柄に対して、全神経を傾けられる力」と考えられています。そしてその力が長く続くほど、集中力がある、と賞賛されます。

しかし、よく考えてみてください。集中力のない子どもでもパズルを解くときは必死になりますし、マンガを読みふけったり、テレビゲームに至っては、黙っていれば何時間でもやっているはずです。一つのことに全神経を傾けるのであれば、大抵の子どもは集中力を持っているわけです。

お母さんが嘆くのは、その集中力が勉強に向かわないからでしょう。テレビゲームが勉強道具になれば、何時間やろうと文句は出ないはずです。

つまり、好きなこと、面白いことであれば、子どもは集中できるのです。であれば、勉強することの楽しさを教えることが先決です。勉強の仕方を工夫するなり、勉強する目的意識を持たせるなり、いろいろな方策はあるはずです。

では、ここでもう一度、集中力とはなんぞや、という問題に戻りましょう。

人間が一つのことに集中している時、それ以外のことに対しては極端に感覚が鈍《にぶ》ることにお気づきでしょうか。何かに熱中していると蚊に刺されても気づかない、なんてことはよくあるもの。電車の中で本に熱中して、うっかり乗り過ごしてしまった、という経験をお持ちの方も多いことでしょう。一つのことに集中するのはいいことですが、そこには他のことが見えなくなる弊害もあるわけです。

そこで、必要になるのが「注意」です。ここで言う注意とは、周囲の状況に常に敏感になっていようとする状態。集中と似ているようですが、広範囲に神経を分散させるという点では対極なのです。

「集中力を身につける」というのは、この集中と注意が同時にできるようになること

だと私は考えています。子どもが身につけるべきは、そうした本当の意味での集中力です。

たとえば、自転車に乗るのも前に進むことだけに集中していればいいわけではありません。脇から車が出て来ないかなど前後左右に常に目を配り、遠くから聞こえるトラックの音にも耳を澄ませる必要があります。安全に走行するには、集中と注意を常に連動させていなければならないわけです。

スポーツにおいても、集中と注意の連動は不可欠です。サッカーならボールと人の動きをいつも窺っていなければゴールは狙えませんし、野球でも投手が投球だけに集中しては簡単に盗塁されてしまうでしょう。

学校の校庭で遊ぶ時でも、周りに気を配っていないと人にぶつかったり、段差で転んで格好悪い姿を友だちに見られたり。

勉強も集中だけが大事なわけではありません。テストでいい点を取るには、時間配分を考えることは必須です。一つの問題に集中してしまったあまり、最後の設問にたどり着けないうちにあえなくタイムオーバーという事態も考えられるのです。

こうした集中力は、原始の時代から人類にとって重要な能力であったと想像できます。たとえば、狩りに行って獲物にばかり気を取られていては、足元に迫る毒蛇は察知できません。木の実採りに夢中になって、背後から襲ってきた野獣に気がつかなければ命を落としてしまうこともあるのです。

自然の中はつねに危険と隣り合わせ。だから、集中と同時に注意が欠かせない。そう考えれば、アウトドアで多くの経験をさせることが、真の集中力を養うのに最適と言えることがわかるでしょう。

事実、釣りであれば潮の流れや潮の満ち引きなどにも注意を払わねばなりません。乗馬なら、手綱《たづな》を引いたり緩めたりするだけでなく、障害物の位置から馬のご機嫌まで考えなくては乗りこなせません。一つの行為は、いくつもの行為の総体なのです。

こうした経験を積めば積むほど、本当に必要とされる集中力が身につくと思います。

男の子の発想力を育てるには

すでに気づいていることと思いますが、男の子は同じ年齢の女子よりも遥かに幼稚です。お母さんの目からはくだらなくて余計なことと思えるような「オモロイ」ことをしたくて、いつもウズウズしています。反抗期の時期であってもそれは同じ。

ファミリーレストランにあるドリンクバーをご存知ですよね？　好きな飲み物を何杯でも取りに行けるという、子どもに人気のコーナーです。

最初はオレンジジュース、次はアイスティと、一杯ずつきちんと取って来られるのが女の子。一方、男子は、

「オレ、コーラとオレンジジュースとぶどうジュースを混ぜたぜ」

「うわぁ、汚ねぇ色。オレはメロンソーダとアイスティだからきれいだよ」

「色は悪いけど、案外、イケるよ。飲んでみろよ」

といった案配に、まともに飲む気はさらさらありません。

「なんで、そんなくだらないことをするの？」と思うかもしれませんが、そのオモロイことをしたいという気持ちこそ、発想力の源なのです。

使わなくなったテープレコーダーを分解したり、大胆かつ適当な創作料理を作ったり、珍しくもない虫を集めてみたりという不可思議な行動も、彼らにとってはオモロイこと。

「そんな暇があったら勉強しなさい」

と叱ってしまっては、せっかく生まれた発想力の芽は摘《つ》み取られてしまいます。この時には、頭をゴシゴシなでてやりながら、「すごいね。どうやって思いついたの」と心の底からほめてあげてください。

男は非常に単純な生き物です。

母親のその好反応で、よし、もっとオモロイことを考えてやろうと俄然、張り切ります。

そして、またほめてもらえたら、さらにやる気がムクムクとわいてオモロイことを思いつくまでの間隔が、どんどん短くなっていく。アイデアが無限に出続ける男になる。そして、私のように年がら年中、オモロイことを考えている大人になる……なんてね。すなわち、それが発想力を豊かに育てるということなのです。

男の子の好奇心を育てるには

我が子の将来について、「名の知れた大学に入れて、有名企業に就職させたい」と考えている親御さんは多いと思います。そのために、自分やご主人の給料を教育費に注ぎ込み、小学校の低学年のうちから進学塾に通わせるのは今の日本では普通のことになっています。

しかし、一流と言われる大学を出たエリートが、会社にとって有益な人材になるかといえば、残念ながら、必ずしもそうではありません。

理由は歴然としています。彼らには、好奇心が育たないまま、ただ知識だけを頭に詰め込んでしまった人が多いからです。そのために、与えられた課題はこなせても、アイデアを生んだり応用したりという作業が得意ではないのです。

周りのものに興味を持ち、「不思議だな」「なぜだろう」と探求する行為は、創造力や応用力の源泉になります。仕事という実践の場では、好奇心旺盛に成長した人のほうが能力を発揮できることは間違いありません。

そこで、男の子の好奇心の育て方についてです。実は、好奇心を育てるのは、難しいことではありません。

一つは子どもをできるだけ自然の中に連れ出して、リアルな体験を数多くさせてやること。サーフィン、乗馬、登山などできることはたくさんあります。なかでも、キャンプは、虫捕り、木登り、釣りなど自然体験の場の宝庫。好奇心を刺激するものが、山とあるのです。

キャンプではたき火も欠かせません。燃料となる小枝を集めて、火をつける。そのプリミティブな行為は、男にとって魅惑的な体験です。薪《まき》をどう組めば燃えやすくなるのか、火が弱くなったらどうすればいいのか。火と格闘して、火を制するのは心が踊るような楽しさがあります。

そして、暗闇の中、パチパチと薪の爆《は》ぜる音を聞きながら、炎のゆらぎをただただ眺める。その時間は好奇心が連打されるかのようです。

こうしたリアルな体験は、テレビやネットで映像を観るのと明らかな違いがあります。それは追体験ができるということです。


たとえば、蝶が飛んでいたとしましょう。「あ、きれいだな」と好奇心が生まれると、思わず足を止めて見るはずです。

その蝶に興味がわくと、そっと近寄って、羽の模様や色をじっくりと観察するでしょう。捕まえようと手を伸ばす子もいるかもしれません。この行動こそ、追体験です。興味をもったものに対して、知識を深めたいと思うのは人間の摂理。好奇心は追体験によって確固たるものになり、さらなる好奇心を喚起します。

蝶の例でいえば、名前を知りたいと思うのは、さらなる好奇心です。図鑑を開いてみると、他にも美しい蝶がいることがわかり、世界に棲息《せいそく》する蝶に興味を持つ子がいたり、蝶の生態に興味を持つ子もいるはずです。


このように好奇心と追体験が連続することにより、知性がどんどん伸びていきます。

優秀な学者は、研究すればするほど知りたいことが増えて、それを純粋に追い求めた結果として、人類の歴史を変えるような発見や発明をするのだと思います。

好奇心に伴う追体験は、当然のことながら、テレビやインターネットでは得られません。きれいな蝶の姿を見ることはできても、近づくことや触ってみることは不可能だからです。

すると、せっかく生まれた好奇心も、そこで断ち切られてしまうこともあるわけです。情報を得ることと追体験することは正反対の位置にあるのです。

さらにいえば、同じ「見る」という行為でも、実体験にはさまざまな付帯情報があります。先のたき火であれば、炎が発する熱さや煙の中の薫香《くんこう》が体感できます。蟬《せみ》の羽化を観察するなら、猛烈な暑さや蚊の攻撃と闘ったことが、蟬が抜け出す様子とともに記憶に刻《きざ》まれるでしょう。

ライブの面白さは、どんなに鮮明な映像であっても太刀打《たちう》ちできません。感動が倍増するのです。

加えてもう一つ、親御さんに実践してほしいのは、**子どもの驚きや感動に共感をし**

てやることです。

本当は、小学校に上がる前から心掛けてほしいことなのですが、反抗期にさしかかる年齢からでも遅くはありません。

「ねぇ、お母さん、見て。今日の夕焼け、すごいきれいだよ」

そう言って息子が家に駆け込んできたなら、一緒に夕日を眺めに出て、

「本当だ。こんなきれいな夕焼けが見られるなんて滅多にないよね。感激しちゃった。ありがとう」

と大げさなぐらいに、一緒に驚いて感動してあげてください。自分の気持ちに親が共感してくれたことで、子どもの感動はより深く、鮮明に心に刻まれます。

時には、親のほうから、「今日は星がすごくよく見えるよ。天の川も見えないかな」「庭の緑がすごくきれい。新緑の季節だからね」などと、声をかけてもいいでしょう。「別に、普通じゃん」とそっけない返事が返ってくることも多々ありますが、多少なりとも目にふれれば何かしら記憶に残るはずです。

美しいものに出会った時、好奇心は大きく膨らみます。同時に、その感動や驚きが心情を生み出します。これを表現したのが芸術です。そう、つまり、芸術は心情表現

なのです。

ピアノやヴァイオリンなどの演奏を耳にした時、「テクニックは完璧だけれど、感動できない」という場合があります。その原因は、旋律《せんりつ》に弾《ひ》き手の心情表現が込められていないため。陶器でも型押しの工業製品と作家が心をこめてつくったものでは、味わい深さがまるで違います。

音楽、絵画、写真、陶芸……。芸術は心情表現の結晶です。子どもの頃から芸術作品に多く触れさせてください。そうすれば、好奇心とともに豊かな感性も育てることができるのです。

「でも、芸術にはうとくて……」というお母さん。あなたは毎日、食事を作っていますか？　ＹＥＳであれば大丈夫。

実は、お母さんがいつも作る料理だって、心情表現の一つなのです。旬の食材を使って季節感を取り入れて、

「今日は暑かったからさっぱりしたものにしよう」

「部活でお腹を空《す》かせて帰ってくるから、お肉がいいかしら」

と家族の顔を思い浮かべながら最大限の努力をする。腕前に多少の差はあっても、

冷凍食品やレトルト食品、コンビニ弁当などとは明らかに別ものです。工場で作られる食べ物には心情表現はありません。だから、食べても味気なく感じるものです。

ただ、注意してほしいのは、どんなに滋味《じみ》豊かな料理でも、どんなに素晴らしい芸術作品であっても強制してはいけません。子ども自身が「これ、なんかいいな」と思うことが大事なのです。

アフリカの人たちは、喜びを感じると、太鼓などを叩いて気持ちを表現します。そのリズムに気持ちがよくなって、周りもいつの間にか踊っている。こういうことが子どもの好奇心を育てるには大切なのです。「ふと、し出ださんかかりを、うちまかせて、心のままにさすべし　さのみに、よき悪しきとは教ふべからず」

これは世阿弥《ぜあみ》の言葉です。能はふと始めた時に、その子のやりたいようにさせればいい。ここが良いここが悪いと教えてはいけない、と説いています。まさに言い得て妙、です。

男の子の問題解決能力を育てるには

男性が論理的な思考を好むことは、前の章でも書きました。その特性が発揮されるのが、問題解決能力です。

なにか問題が起きた時、それを解決するための道筋は、大きく二つあります。一つは、Aをまず解決してからBの問題へ、Bを解決したら今度はCへと、こんがらがった糸をほどくように丹念に論理を突き詰めて解決していく手法。そして、もう一つは、発想を大胆に飛躍させたり、逆転させたりして一発解決を導き出す手法です。

どちらも男性の得意分野。唯一とまでは言いませんが、女性に誇れる能力であることは確かですから、大いに伸ばしてやってほしいと思います。

問題解決能力を育てる方法としては、やはり体験を重ねていくしかありません。直面した問題を自分なりに考えて解決する。これを繰り返せば、経験がノウハウとして蓄積されて、柔軟な対処法が選択できるというわけです。

その実践の場となるのが、遊びです。近所の公園や神社の境内《けいだい》、空き地などに繰り出して、真っ黒になって遊んでいた私の子ども時代を振り返ると、日々、アクシデントの連続でした。

野球のボールが前の家に入ってガラスが割れた！

大事にしていた帽子がどぶ池に落ちた！

木に登っていたら枝が折れた！

その度に、子ども同士、知恵を出し合い、どうしたらいいのかを相談します。親に知られるとマズいことが多いので、自分たちで解決するのが大前提。喧々囂々《けんけんごうごう》の話し合いの末、文殊《もんじゅ》の知恵で乗り切れることもあれば、結局、親に大目玉を食らうこともある。うまくいくかどうかはさておき、問題を解決する能力はそうやって磨かれていたのです。

しかし、今の子どもたちの遊びには、あまりアクシデントがありません。たとえあっても、それは大抵、ゲームの中の出来事。どうにもならなければ、リセットボタンを押せば即解決となってしまうのです。

そんな子どもたちに問題解決能力を身につけさせるには、何度もご紹介しているように、キャンプや体験合宿などで自然の中に放り込むのが最善策です。

キャンプに行く場合には、子どもの友だち家族二～三組で行くことをお勧めします。テント張りから料理、たき火まで、一切を子どもたちに任せてみる。親はアドバイザー役としてなるべく手を貸さずに、子ども同士で準備から片付けまで一切を仕切らせるのです。

親の手助けなしとなれば、テントを張るところから大騒ぎでしょう。支柱の組み合わせが違う、上下が逆だったなど、ああでもないこうでもないとお互いが知恵を振り絞るところに意義があるのです。

もちろん、キャンプ場という整備された場所であっても、アクシデントはつきものです。まな板を忘れたとか、薪に火がつかないとか、風が強くてテントが飛ばされそうになるとか。そうした問題に「じゃあ、どうする？」と考えて乗り越えられれば、それが一つの自信になる。日常の中でトラブルが起きた時も、すぐに親に頼らず、まずは自分で解決しようと試みられるようになるはずです。

一方で、子どもが抱える問題には、友だちとのケンカなど、対人間のトラブルも少なくありません。これに対処するにも経験が物を言います。

小学生ぐらいの子ども同士のケンカは、ノートに落書きされたとか、消しゴムを貸してくれなかったといった、ささいなことから起こりがちです。ですから、解決するのも比較的簡単な場合が多い。自分の力で解決できれば、その経験は中学時代に生かすことができます。そして、中学で得た経験は、今度は高校で役立てられる。年齢を追うごとにトラブルも複雑になるので、徐々にステップアップしていけるのが理想なのです。

そうやって問題解決能力を身につけた子どもは、自分が当事者でなくても、仲介役を買ってでるなど協力する姿勢も生まれます。トラブルになる前に先手を打つことも考えられるようになるでしょう。あまり好きな言葉ではありませんが、いわゆる空気の読める人間になるわけです。

ところが、最近は子どものケンカに親がしゃしゃりでて、問題をこじらせてしまう。子ども同士のケンカがいつの間にか親同士のケンカになっていた、というのは、本当にある話です。親が割って入っては、当然、子どももノウハウを学べません。

親が介入しなければ解決できないケースもあるかもしれませんが、子どもの力を信じて、できるだけ見守ってやってほしい。

与えるばかりが子育てではないのです。

第6章

男の子の弱点を克服するには

男の子の打たれ弱さを克服するには

ケンカをして負けた側が捨て台詞《ぜりふ》に吐くのが「覚えてろよ」というひと言。字面《じづら》だけ追うと、「いつか仕返ししてやるからな」と恨みがましい言葉に聞こえますが、実はこれには深い意味があるのです。

ケンカに負けるというのは、男には非常に屈辱的なことです。テストの点でライバルに負けるよりも何十倍も悔しい。ここで泣いて帰るのでは、もっと惨めな気持ちになるだけです。

「今日はこの辺で引き下がるけれど、負けたわけじゃないからな。この続きはまた今度するから、それまで覚えてろよ」

そう言って、悔しさを跳ね返し、負けた自分を鼓舞《こぶ》しているのです。

子どもに教えたいのは、この不屈の精神です。

野球でもサッカーでも、ピンチに強いチームとピンチに弱いチームがはっきり分かれるのはなぜだろう、と感じたことはありませんか？

これは指導者なり親なりが、「覚えてろよ」という精神を教えているかどうかの差だと思います。

負け試合の時に、悔しい気持ちを奮い立たせて、

「今日はたまたま負けたけれど、君たちは勝てる力は持っている。次に雪辱《せつじょく》を晴らそう。必ず勝った快感を味わおう」

と言われてきた子どもは、試合でピンチを迎えた時にも負けた経験がバネになって、持てる力、いやそれ以上の力を発揮できます。

反対に、負けた時に、

「お前らはダメだ。あんなところで凡ミスをするなんて」

と批判されただけで終わってしまうと、ピンチの時に負のスパイラルに陥ります。

「またミスをしたらどうしよう。前のように負けてしまうのではないか」

そう思ってプレーもどんどん萎縮《いしゅく》して、負けを自ら引き寄せてしまうのです。

プロの世界で活躍する選手が、負けた試合の後に、「次につなげたい」とよく言い

ます。これも「覚えてろよ」精神の表れです。

どんな一流選手でも、試合には負けることもあります。優勝を目指していたのに、あえなく初戦敗退ということもあったかもしれません。あるいは、レギュラーメンバーにすら選ばれなかったり、ケガで大事な試合に出られなかったこともあったでしょう。彼らはその都度《つど》、「覚えてろよ」という精神を自分の核として持っていたから、プロになれたとも言えるわけです。

もっとも、今の子どもたちには、勝負に挑《いど》むという経験さえ積めずにきてしまうこともあります。ねじ曲げられた平等精神によって、一時期、順位をつけない徒競走や、全員主役の学芸会という奇妙な教育を生み出しましたが、今でもその平等主義は教育の現場に残されているのです。

打たれ弱い子どもが増えているのも、その平等主義の弊害だと思います。あえて申せば、子どもはもっともっと打たれるべきだと私は考えています。

子どもの頃の打たれる経験なんて、大人社会からすれば、たかが知れています。それこそ、運動会で1着になれなかったとか、学芸会でやりたかった役になれなかったといった程度です。その辛さ、苦しみ、心の痛みを乗り越えていく経験が徐々に人間を強くたくましくしていく。

小さな波で訓練すれば大きな波も越えられますが、訓練せずにいきなり大きな波を受ければ、飲み込まれて溺れてしまうのも当たり前です。

打たれた子どもがもがき苦しんでいる時には、言葉をかけて立ち直るきっかけを与えてやるといいでしょう。

「辛いのは今だけ。どんな辛さだって、痛さだって、苦しみだって、明日になれば忘れていくのだから前向きにやっていこう」

「辛いのはおまえだけじゃない。みんな誰しもが、お母さんだって、そうやって生きてきたんだよ」

「たとえ今日できなくても、明日がある。明日が無理でも、明後日がある。そう思って、少しずつ前に進んで行こう」

そんな言葉をかけて、励ましてあげてください。

男の子のコミュニケーションベタを克服するには

「うちの子は口ベタで話をするのが苦手。コミュニケーション能力を育てるには、どうしたらいいでしょうか」

男の子を持つお母さんから、そんな相談を受けることがあります。確かにコミュニケーション能力は、人間が生きていく上で最も重要な能力です。これさえあれば、人間、どこでも生きていける。努力して身につけてほしい能力だと思っています。

ただし、口ベタだからといって、コミュニケーション能力がないわけではありません。

私の知り合いに、ある楽器メーカーの営業職についている人がいます。彼は仲間で集まった時にもほとんど発言をしないほど、大変な口ベタ。なのに、営業成績はナンバーワンの座を他に譲ったことがありません。なぜだと思いますか？

実は、彼はとても聞き上手だったのです。飛び込みで営業に行った先でも、相手の話をひたすら聞いている。お年寄りは特に、話を聞いてもらえるだけで喜びます。かつて暮らしていた家にはピアノがあって、子どもと弾くのが楽しみだったといった昔話を、ニコニコしながら聞いてあげていたのです。

彼が自分から口を開くのは相手から質問された時だけ。生来の口ベタながら誠心誠意答えます。彼は元々ピアニストを目指していたものの、ある時、自分には才能がないことに気づいて、今の仕事に就いていました。そんな挫折経験も、聞かれれば包み隠さずに話すのだそうです。

営業をされる側としては、自分の話をたっぷりと聞いてもらい、相手の人となりもわかってくると信頼感や親近感が生まれます。最初はピアノの購入なんてまったく考えていなくても、この人からなら買ってもいいかなという心理が働いて、「ちょうど孫がピアノを習いたいと言っていたし、せっかくだから、一台、買おうか」となるそうです。

コミュニケーションとは、心と心のキャッチボール。相手の気持ちが汲《く》み取れて、相手にもこちらの気持ちが伝えられる——心が通じ合うことが重要なのであって、言葉はそのやりとりをするためのツールにしか過ぎません。

話が上手かどうかよりも、大事なのは、優しさや嘘をつかない誠実な人柄など、人間としての魅力。それがコミュニケーションのベースになるのです。

つまり、話ベタなら、先の営業マンくんのように聞き上手になればいいのです。女の子とつき合うにも、むしろ聞き上手なほうがもてはやされます。他愛のないおしゃべりも、「うんうん」と聞いてくれたほうが嬉しいわけです。母親の非論理的で感情的な話もじっと聞いていられる男の子なら、得意中の得意でしょう。実際、そういう男の子は彼女の話を黙って聞くのも、ちっとも苦痛ではないそうです。

ただし、これが面接試験の場となると、いささか勝手が違います。面接官は自分の話を聞いてもらいたいわけでなく、受験生、あるいはリクルーターに質問して、その返答から話し方、表情、内容などトータルでの優劣をつけるのが仕事です。当然、自己アピールが上手にできたほうがいい。「我が校・我が社にぜひともほしい人材」と思わせなければならないわけです。

すなわち、**面接で求められるコミュニケーション能力は、相手を説得する国語力。これを磨くには、繰り返し練習するしかありません。**

模擬面接などでテクニックを身につけることも必要ですが、普段、お母さんに心掛けてもらいたいのは、親を説得する機会を増やすことです。たとえば、パソコンを買ってほしいとねだられたら、「お父さんやお母さんが買ってやってもいいと思うよう、説得してごらん」と促す。そうすると、パソコンがどういうツールであって、なぜ自分に必要なのかといったことを論理立てて伝えなければなりません。「他の人もしているから」という理由は受け付けられないのです。面接の訓練にはもってこいです。

男の子の飽きっぽさを克服するには

実を言えば、私自身、ものすごく飽きっぽい。飽きっぽさについては、誰にも負けない（？）自信があります。

そんな私に言わせれば、飽きっぽいのは、単に取り組んでいる対象が面白くないだけ。飽きずにずっと続けていけることは、どこかに必ず、あります。

事実、この私でも、教師という仕事は、もう何十年も続けています。文学も飽きないし、キャンプは行く度に発見があるので、ますますのめり込んでいます。

つまり、我が子の飽きっぽさを憂《うれ》うよりも、その子が飽きずに続けられることを見つければいいのです。

それには、**できるだけいろいろなことにチャレンジさせること。選択肢は無限にあるのですから、必ず見つかります。**

付け加えると、飽きっぽい私は、いつも何かしら新しいことに挑んでいるので、気持ちがフレッシュでいられます。

対象が女性であれば、騙《だま》されることはなく、縁がなくて別れることになってもすぐに忘れられるから、いつまでも引きずらなくてすみます。

まぁ、それは「冗談」ではありますが、ともあれ、飽きっぽい性格は、決して悪いことばかりではないのです。

男の子のだらしなさを克服するには

時間にルーズとか、忘れ物が多いというだらしなさは、個人の問題ではありますが、概して男の子に多いようです。

実際、私の事務所で仕事をしている大学生でも、女の子は遅刻することはまずありません。対して、男子は「時間を間違えた」などと言い訳をして、平気で遅れてくる子が必ずいます。与えられた仕事を期限までにきちっとやるのもやはり女子。男子はギリギリまで放っておいて、そのために仕事も雑になり、結局、誰かがやり直さなくてはならない事態になりがちです。

「うちの子は、もともとだらしなくて」

と言うお母さんがいますが、だらしなさは生まれつきでなく、習慣の問題です。

女の子の場合、「みだしなみをきちんとしなさい」と小さい頃から口うるさく言われているからか、すべてにおいてきちんとしようとする人が多いようです。

それに比べて、男子は、「多少だらしないのも男の子らしさ」と見逃されてしまう。学校でも遅刻仲間が大勢いるから遅れても気にならない。提出物も期限通りに出さないのが男子の中では普通。だから、いつまでも直らないのです。

時間にだらしない子は、大抵、部屋の片付けができず、勉強もよくできません。

時間、片付け、勉強の三者は、見事につながっているのです。

たとえば、朝起きるのがかったるいと遅刻する子は、部屋を片付けるのもかったるいから後回し。勉強も同じように、かったるいから先延ばししてしまう。楽な方へと流れるクセがついてしまっているのです。

その悪しき習慣がつくかどうかは、6歳までの親の育て方にかかっています。

たとえば、トイレで用を足す、お風呂に入るといったことは習慣として身についていますが、子どもは最初から知っていたわけではありません。親が習慣になるようしつけたわけです。

だったら、部屋の片付けも同じように習慣化できると思いませんか？

6歳までとしたのは、その年齢までなら親の言う事が絶対であり、多少ぐずっても最後にはやるよう仕向けられるから。6歳を過ぎると、「なんでしなきゃいけないの？」と理屈で反論してきて、やらずにすませる知恵もついてくるのです。

6歳を過ぎたらもはや諦めるしかありません……と言いたいところですが、まだ打つべき手はあります。それは、前の章でも申し上げたように、自分自身、痛い目にあうこと。お弁当を忘れてお腹が空いた、部活の集合時間に遅れて試合に出してもらえなかった、など、男というのは基本的にひどい目にあわないと学習しないのです。

特に、反抗期に突入して自立の準備を始めたら、だらしなさに対する親のフォローは一切無用です。

第 7 章

わが子の幸福を願うあなたへ
～教育幸福哲学論

●子どもを「未来の親」にする視点をはっきり持とう

わが子に対する教育が、わが子の〝未来幸福〟を思ってのことであることは、どなたも同じであると思います。

読者の皆さんが、この本を読んでいる理由も、まさにそのためだと思います。

子どもの未来を幸福なものにしてやりたい。

何とか立派に成長して幸せな人生を送ってほしい。

親として、そう祈らない人はいないことでしょう。でも、今我が国では、とりあえずの裕福さや社会的地位を求めて学歴を目指すことばかりが流行《はや》って、それよりもずっと大切なことが後回しにされすぎているといえるのではないでしょうか。

それは生来控え目な日本人たちが、個人の価値観を世間の価値観に合わせて生きているせいかもしれません。また、平和や安定が長く続いたために、個人の判断力や「当事者」としての意識が希薄になっているためかもしれません。ひょっとしたら、そもそも幸福な将来、それよりも、幸福な人生とはどういうものであるのか、はっきりと考えたことがないのかもしれません。

人間にとって、幸福について考えるのは、当然のことなのかもしれませんが、この本の最後に、子どもの教育について相談を受けることを仕事にして来た著者が、その経験を通じて得た「教育幸福哲学」を簡単にまとめてみたいと思います。

●自分のやりたいことがやれているか

人間の幸福には短期的低次元のものと、長期的高次元のものがあります。そして、この二つの体験結果が合わさって幸不幸が結果的に決定していくと思います。

短期的幸福感は、たとえば、お腹いっぱい（空腹でない）、楽しい（愉快である）、気持ちいい（快適である）、平和である（安全である）などに現れますが、これはある意味動物的なことで、現代の世の中では誰でも得ようと思えば比較的簡単に得ることができることであるはずです。

次に、長期的な幸福感についてですが、これは、**「自分のやりたいことがやれている」**、**「パートナーを得て世代交代できている」**、**「人のために役に立つことができている」**などということに現れると思います。

自分のやりたいことをするには、そのための時間が必要です。他のことでやらなければならないことが多くあれば、そのことに時間は奪われます。それよりも、実は、余暇時間を与えられた時、自らすることが思いつかず、とかく人が利益を得るためにしつらえたものや場所に目が行くのが普通なのではないでしょうか。

でもそういうことは、はたして本当に自分がやりたいことなのでしょうか。他にやりたいことが見つからないから選んでいるのではないでしょうか。つまり、時間があってもやりたいことを思いつけないからではないでしょうか。本当にやりたいことは、他の時間を削《けず》ってでもやりたいことであるはずです。

そのためには、まず初めにやりたいことありきの状態でなければなりません。自らの発する好奇心から常にそのことの追体験をしようとする習慣です。本書ではそのことの大切さを繰り返し述べさせていただきました。

パートナーを得て世代交代できているか

次が、結婚して世代交代をすることです。この本を手にしている方の多くは子育て中の人たちだと思います。ですから、すでにご自身は世代交代して人生の幸福の切符を手にしていることになりますが、お子さんはどうでしょうか。

世の中はものすごい勢いで変化し続けてきていると思います。しかし、特にその中で最も変化したのは女の人のありようではないでしょうか。我が国の歴史で、社会への進出、家庭での権限、その他多くの面でこんなにも女性が強く存在感を示した時代はかつてなかったと言っても過言ではありません。

世のお父さんたちのより多くが、奥さんに主導権を握られつつあると言ってもいいでしょう。残念ながら私もそう認めざるを得ません。少子化により、女性は子育てが軽減されて活動的になり、また出生率の低下により、その数少ない子どもを産み育てているものとして簡単に存在感を訴えることができる状態とも言えましょう。

すでに教育現場では、ごくわずかの例外を除いて、リーダーシップは皆女の子の手に握られているようです。先生に抵抗する学級崩壊も、陰でお膳立てしているのは女の子。権力を握る女の子たちに容認されなければ、男の子たちは先生に逆らうこともできないそうです。

これは何も公立に限る話ではなくて、私立の小学校では女の子が先頭に立って学級崩壊させているところもあると聞きます。私立に通わせる経済力がある裕福なご家庭では、とかく女の子を可愛がり過ぎて甘やかしていることも多いからかもしれません。

このためか、最近、超有名私立の付属小学校では、入学試験の際、できるだけ、ワガママで協調性のない女の子は採らないようにしていると聞きます。

女の子たちは、男の子たちの多くを、「仕事もできない責任感もないだらしない連中」と見下しています。ここには当然「上目線」があると思います。だからある意味で、男に期待するところが少なくなったからイケメンが流行っているとも言えるのです。

そんな中で、スポーツが得意だったり、ある程度勉強もできた上、共同作業等で信頼ができる一部の男の子たちが評価されています。もちろん、一芸に秀《ひい》でる、たとえば楽器の演奏が上手いというのも一目置かれます。

女の子の目はますます厳しくなってきており、「つまらない男とつき合うくらいなら、女同士でワイワイやっている方がよっぽどまし、つまらない男と結婚するくらいなら独身のままでも全然平気」と本気で考えている子もいるようです。

これは、男の子を持つ親にとって恐ろしいことだと思います。女子の最終学歴が高くなればなるほど、婚期が遅くなって少子化が起こるのは世界共通です。現状からすれば、これからはさらにその傾向が強まるのです。

しかも女性は自分で働いて自分で稼いで生活ができることになります。簡単に言うと、「男なんて必要ない」のです。

でも、男と結婚しなければ、子どもを産むことができないではないか。私はこの意見にも積極的には賛成できません。なぜかというと、今の女の人は子どもを作るための種を自分で取って来ることが可能だからです。別に結婚しなくとも子は産めます。また、子どもができると離婚する夫婦も多くなってきています。女性にとって嫌な男は簡単に捨てられてしまうのです。

現在の女の子たちが大人になった未来社会はどのような男女関係の社会になるのでしょうか。それは、結婚していない男女はますます増えるけれども、子どものいない女性の数はそう変化なく、子どもがいない男性はますます多くなる社会ということです。言い換えれば、男の方が世代交代しづらい、あるいは子どもを育てる機会に恵まれないということになると思います。

そして、忘れてならないのは今よりもさらに女性が強くなるということ。そう、今の小学生の男の子に聞けば、皆口を揃えて、「女子はコワい！」ということになるのです。私は、日本の未来がこうなることに油断している人たちは「甘い」と思います。

●わが子をモテる子にするためにはどうすればよいか

すると、極めて単純な結論ですが、今の男の子の未来幸福を願う教育にとって、そのクリアすべき重要課題の世代交代成就のために、その男の子が将来女の子にパートナーとして迎え入れられるという視点が、最大のポイントとして浮かび上がって来ると思います。

以下「モテる」という、教育とはやや関係のない方面のことも考察しなければならなくなりますが、欠かせないことなので、筆者「専門外」の記述として、ご笑読下さい。

まず、先程も書いたように、イケメンがはやるのは、世の中に魅力的な男が少なくなってしまったからだと言えると思います。「草食系」とか言われちゃって、外に向かってエネルギーが出ていない男が多くなってしまったのがその原因でしょう。男としてのエネルギーが顔に出ていないのです。

そもそも男がカッコ良く見えるのは、何かをやっている時の顔つきが良いとき、と言ってもいいでしょう。その代表は、たとえばスポーツなどをしているときのものでしょう。

逆に、テレビゲームやテレビやパソコンに向かっている時の顔がカッコいいと思う女性はまずいないはずです。同じく機械に向かい合うパチンコなども同様でしょう。これらはどちらかというと不自然な顔に見えることでしょう。レースドライバーがハンサムぞろいなのは面白いことですが、車の運転は別物のようです。

すると、一般に、モテる男の身につけるべきは、何かに集中する時に身につけたある瞬間の表情の深さということになると思います。しかもモニター等に向かっている時ではなく、何か別のことに集中している時のものです。

このためにスポーツをやる男が割とカッコよく見えるのです。楽器を扱う時も同様です。共通点はなにかに集中していることです。

つまり、**モテる男になる第一条件は、ふだんの顔に表れるほどその人間が強く集中できる対象を持っていることです。**

女性に「どんな男性を結婚相手に選びたいですか?」と結婚理想像のアンケートをとると、決まって上位に顔を出すのが、「自分の打ち込めることを持っている人」です。

息子さんは何に打ち込んでいるときカッコいい顔になりますか。一度よく観察してみて下さい。子どもが喜んでやり、しかも顔がよくなる趣味を見つけてあげれば、世代交代に役立つことになります。

●モテる男は話がうまい

この項は、子どもを未来の親にする視点を持つことについてですが、もう少し筆者専門外の「モテる」について書くことをお許し下さい。

モテる男の第二。それは女性と楽しく会話できること。

ひょっとしたら、現代社会の男の子たちにとって、これは勉強するより難しいことかもしれません。女性が、話していて楽しい男なら一緒にいてもよいと思うのは言うまでもないことです。

ではどうするか。できるだけベラベラと途切れなく自分の話をし続ける？　これは、よほどいつも新しいネタを仕込んで面白くなければ、かえってうるさいと思われてそのうち嫌われてしまいます。

大切なのは、女性の話を聞くこと。それも適《てき》宜《ぎ》相槌《づち》や合いの手を入れながら、でき

るだけ長く会話をもたせること。

これができるだけで、世代交代の可能性は大いに高まります。しかし、何人も女の姉妹でもいなければ、そんな力はまずつきません。ましてや一人っ子なら、そんなことができるほうが奇跡と思われる方も多いでしょう。

ところが、私の観察するところ、実は全く意外なことが多いのです。生徒で彼女がいる中学生や高校生に聞くと、「自分は女の子の話を聞くのは苦痛でない」と言います。こういった子たちには一人っ子が多いのです。どうしてかというと、「ふだんうるさい母親の話を聞かされてきたので慣れているからだと思う」と言う。

それで、これまでの私の経験を折り合わせると、彼女がいる男の子の母親は意外とうるさい人が多かった記憶があります。

子どもが反抗期になる前、よく話しかけて、それを聞かせる習慣をつけると、将来世代交代しやすくなるのかもしれません。それは、女性との会話のポイントである「聞き上手」になるからではないでしょうか。

さらにこの上で、言葉遣いが上手くて、話が面白ければ、世代交代の可能性はより高まることでしょう。

話し上手にするにはどうしたらよいのでしょうか。それは初めのうちは下手でもガマンして、できるだけ話させるように仕向けて、しかもさらにしゃべりやすいようにするために母親の側が意識的に聞き上手になることだと思います。

つまり、男の子の男女会話の元はやっぱりお母さんとの会話が土台になっているのだから、母親はできるだけそれを意識して、聞いたり話したりが上手にできる親子になろうとすることが大切なのです。

別の言い方をすれば、親子で国語力を伸ばしていこうとすることに他ならないかもしれません。しかし、こういうことはまだ子どもが素直に親に向かい合う、反抗期が始まる以前にやっておかねばならないことでしょう。

●家事ができる男に育てよう

さて、モテる話はこのぐらいにして、今度は結婚には成功したのに、女性に捨てられるケースに観点を移していきたいと思います。女性が強くなった未来社会でどういう男が捨てられていくのかを考えてみたいと思います。

最近離婚する人がいよいよ増えていますが、私が見たところ、浮気以外で離婚されている男の人に共通するのは、ほぼ家事ができないことです。この人たちは一種のマザコンで何から何まで親にやってもらってきた人たちに相違ありません。

今の女性は自立して自分のことをやっています。その上他人の身の回りの世話までやる気はもはや毛頭ないとお考え下さい。

ところがそれが子育てとなると、つい、いつまでも親の方が世話を焼き続けるようになってしまうのです。これではいつまでも自分で身の回りのことをする力がつきません。でもこれからは家事を分担しない男はパートナーとして認められなくなります。家事をしない男は捨てられる可能性が高いのです。

家事とは、掃除、洗濯、炊事、備品調達、ゴミ出し等のことです。これらの一部を手伝わせるようにし、忙しいときなどには頼んで一人でやらせるようにします。曜日を決めて自動的にやるようにできれば大成功といえるでしょう。

身の回りのこともできるだけ自分でやってもらうようにします。特に、風呂、トイレ、洗面所、キッチン、リビングなど、他の家族と共有する場所は使った後、もとに戻すよう習慣づけます。

最近、「イクメン」という言葉が流行っているようですが、育児に協力できない男もダメです。小さい子と上手に遊べるか、よその子どもを可愛いと思えるか、年配者として面倒を見ることができるか、こうした点に注意するようにしましょう。そうでなくとも、年下の子と会った後で、「あの子可愛いね」とか「スゴく面白い子だったね」と強調して、自分より年下の子の面倒を見るという心を養いましょう。

子どもが小さいうちは、目が離せないので、母親一人で面倒を見続けるのは困難です。ましてやそれが男の子で、すぐ下の子も生まれていれば、誰かの手助けがなければ、やがて母親が過労からうつ病で倒れてしまうでしょう。そして、そうした時でも助ける気がない男は、女性に見切られて恨まれさえするでしょう。

子どもの相手をする能力はとても大切です。これもこれからの男に欠かせないと思います。

さて、家事育児ができる男は離婚されないと書きました。しかし、最近の女の子たちの話によれば、「それぐらいはフツー」と考えているようです。どういうことかというと、「家事育児を頼んでしてくれるのは当たり前、言われなくても自分からしてくれるぐらいじゃあないとダメかも」とのこと。男にとってなかなか厳しい世の中が当たり前になっていくようです。

つまり、**言われなくても自分から気づいて進んでやる習慣です。**少子化で子どもが少ないためについ母親がやってしまい過ぎていると、反抗期になってもなかなか自立の方向に向かいません。かといって、やれと言ってやらせるのとはこれは異なります。子どもが自発的に動くようにするには、自ら気がついて行動した時に大いにこれを褒める習慣が必要です。

たとえば、雨で足もとが濡れて帰宅した母親を見た時、玄関に雑巾を持って来るなど。もし幸運にも偶然こんなことがあったら、

「ありがとう。気が利くのね。お母さん、ほんとたすかるわ！」

などと頭を撫《な》でて大いに褒めましょう。

この上で、もし、「お母さん、雨が降ってきそうだから洗濯物も取り込んでおいたよ」とでも言おうものなら、その晩は御馳走にしてもよいでしょう。

とにかく言われないでもやる機会が来るように待ち受け、それをした時に大いに褒めてできるだけドーパミン（脳内快感物質）を出させて強く印象に残すことです。

●たとえ勉強はできなくてもバカでない子にする

次に女性に「範疇《はんちゅう》外」にされるタイプは、バカな男です。一口に「バカ」と言ってもいろいろありますが、これは勉強ができないことではなく、だらしない男のことです。身の回りのことができないのは困る、ということは先に述べました。ここで言う「だらしない男」とは、同じ失敗を繰り返すタイプの男です。反省をしないタイプの男と言い換えてもよいかもしれません。

こうした子にしないためには、何か悪いことや失敗があった時、その機を逃さず適切に叱り、それを繰り返さないようにはっきり約束させることです。そのまま何となく親が後始末してやると、やがて無意識に何とかなってしまうものだと思い、反省しない、自分に甘い男になります。

繰り返し述べていますが、男とは失敗を積み重ねて成長する動物です。しかし、同じ失敗を繰り返す男は仲間内でもいただけません。一度や二度ならともかく、何度も同じ失敗を繰り返すのは誰が見てもアホに見えます。

「もうこんなことは絶対に止めよう！」

自らこういった強い決心が起きずにボケッとしているのです。

これは悪習を断つことができないこととつながっていきます。ウソをつくなどはその代表です。その他にも、ギャンブル、無駄遣い、アルコール依存、女癖など、節制を保つことができずに身についてしまう悪習はたくさんあります。

ゲームを長時間やることが子どもに良くないことは当然のことですが、この多くは親に容認されることによると思います。中毒性が強いと思われるものは、そのことを伝えて、やり過ぎにならないように注意させるべきです。

その男と連れ添う女性にとって、悪習を断ち切ることができない男は、いつか耐え難くなって一緒にいる意味を見出せなくなり、やがて離婚を選ぶ可能性が高いと思います。

●人に優しい子であること

では、未来社会で、女性に捨てられないタイプの男はいったいどういう男たちなのでしょうか。

先に、モテる男のところでも書きましたが、会話の能力が高いことは重要です。でも会話の能力が高いだけでは一時的にモテても、他の欠点のために見捨てられることがあります。

女性に見捨てられないとは、女性に愛し続けられるということです。これはやや消極的な言い方になりますが、女性に「優しい」と言うこともできます。つまり、女性のこころがわかるということです。

男女の関係はお互いのこころをわかり合うことで連続しています。相手の立場や状況がわかる。相手の生まれ育った環境がわかる。そしてそれを受け入れることができる。つまり、人を愛することができる。より積極的に言うと、人を愛する力がある。自分にだけではない。世間周囲の人に優しい気持ちが持てる。つまりは生き物としての他者存在を尊重できる人。こういう人を捨てるのは、自分の人間性にも関わってくるから、なかなか難しいことになるでしょう。

子どもにはふだんから、人を思いやるこころの大切さを教えていきたいと思います。人が自分一人だけでは生きていけないこと、何らかの形で周囲の人の存在によって自分が生かされていることを気づかせたいと思います。

人の痛みがわからない人をおいて出て行くことはできても、人の痛みがわかる人を追い出すことはなかなかできないことであるはずです。

人に優しくすることの大切さを教えるのは、他の誰でもなく親の貴女《あなた》だと思います。

●将来4人以上の子を持つ?

さて、女性と会話ができて、家事子育てにも参加し、悪習を断つ能力があり、人に優しくあること、これらは全て家庭で身につけるもので、学校や世間がつけてくれるものではないと考えましょう。

そしてこれがあれば世代交代できる可能性は極めて高いことになります。つまり、子どもの世代交代は、その親が決めているのです。


私は日頃、教室で生徒に連続的な授業を行う約束をする時に「条件」を呈示します。それには二つあって、一つ目が、「将来4人以上の子を持とうとすること」というものです。これはもちろんなかば冗談で、「持つこと」ではなくて、「持とうとすること」になっていることにご注意下さい。

実はこれは、多年にわたる教育コンサルタントの経験から得た、「異性と同性の兄弟姉妹を持ったものは、集団内でバランスをとりやすく、順調に成長しやすい」という観察をもとにしています。つまり、お兄ちゃんか弟、そしてお姉ちゃんか妹も持った者は健《すこ》やかに育ちやすいということです。少子化する前のかつての日本人の家族はほとんどがみなそうでした。

自分の家族に、自分と同性の兄弟がいる。「自分はこうなのに兄はこうである。兄もこうなら自分もこう。兄はこうでないのに自分はこう」と家族の中で同性の人間との比較によって自己客観化のもとができます。

また、姉や妹がいると、「同じ親から生まれているのに、性が違うだけで全く現れ方が違う」ということが暗黙のうちに了解されます。逆に言えば自分といったものの特徴がつかみやすいということになります。

さて、子どもを4人以上持つことをあらかじめシミュレーションすると、おおよそ30歳までに2人作り、30歳を過ぎてからもう2人作るということになるかと思います。30歳までに2人作るとは、27歳までには結婚するということですから、今の世では割と早く結婚することを考えることになります。そのためには初期から男女交際ができるようになっていることが必要です。

子どもが2人いる家庭、多くの人が振り返った時人生で最も充実して幸せだったと思う時期、皆様誰しもがお思いのように家計が大変です。普通都会周辺では、家賃以外に月に30万円以上の出費が必要でしょう。

幼稚園へ通って小学校に上がればさらに教育費が重くのしかかってきます。また子どもが2人になれば、家でする仕事があるか、祖父母と一緒に住んでいるのでなければ共稼ぎもかなり難しくなってしまいます。さらに子どもが増えれば、35歳までに手取り年収1000万円（実質年収1500万円くらいか）以上が必要になるでしょうが、そんなことは普通の職業では無理なことです。

つまり、子どもを4人以上持とうとすると、普通の職業ではなく、高度な資格を持つか自分で企業経営することを目標にする必要が生じます。これは勉強ができるかアタマがいいかといったことだけではなく、経験が濃い生き方をしているかということも関わってくると思います。

もちろん、高収入女性弁護士などと結婚して、自分は翻訳業などを行う傍ら家事育児を全面的に引き受けるという選択もあり得ます。でもそんな女性が、はたして4人も産んでくれるものでしょうか。

ともあれ、子どもを4人以上持つと想定すると、これまで私が書いたことの多くが必要になってくることがわかると思います。

さて、子どもを無事4人以上育てるとどうなるか。ここからはあくまで仮定の話なので話半分にお読みいただきたいのですが、その子どもたちにも4人以上子どもを作るようにさせるのです。すると単純に言って孫が10人以上できるはずです。さらにそんなことは無理でしょうが、その孫たちにも4人以上生ませると、ひ孫が50人以上現れることになり、もしそうなると、それら子孫の結婚相手も含めて、自らの臨終時に100人近いファミリーの先祖になっていることも可能です。

私はこのことをこそ人の世における単純で一般的な「大成功」と呼ぶのではないかと思うのです。

歴史上のいかなる皇室も王族も願ったこと、それは子孫が拡大していくことです。これはドーキンスの利己的遺伝子からみても当然のことです。動物の世界でも同じです。だから一般単純な人生幸福とは、多くの世代交代をものにすることと言い換えても決して過言ではないと思います。

私は実際彼らにそう何人もの子どもを作ってほしいと本気で望んでいるわけではあ

りません。しかし、あり得る可能性の中で自分が積極的に関わっていく可能性についてはあらかじめの「想定」があってしかるべきだと思うのです。それには、子どもに人生の単純幸福の方向性ができるだけ多くの世代交代をすることにあることを、一度は考えさせることが必要だと主張したいのです。

自分が親になること、しかも意外と多くの子どもの親になる可能性があること、そういうことを考えてもらうことは子どもにとっても大変有意義なことだと思うのです。

子どもたちはこの私のとんでもない提案を驚き呆《あき》れて笑いながら受け入れます。「持とうとする」ならかまわないというのでしょう。

二つ目の約束も「噴飯《ふんぱん》」ものです。

私は子どもたちに尋ねます。「キミが今10歳だとすると、キミは将来10歳以上歳の離れた人と結婚する可能性があると思う？」

「可能性はあると思いますが、ふつうまずないと思います」

「とすると、キミと将来結婚する予定の女の子は、もうすでにこの世に生まれていて、この地球上のどこかを歩いているということになるよね。それが日本だか中国だかアジアだかヨーロッパだかアメリカだかその他だかはわからないけれども、彼女はもうどこかで生まれて生きているわけだよね。

いいかい。先の約束だと我々は、いやキミは、その女の人との間に4人以上の子どもを作ろうとすることになるよね。何？　初めから4人作ろうなんて言ったら、あんた頭おかしいんじゃあないのって逃げられちゃうから、まず30までに2人作って調子がよければあと2人産んでもらうのさ。

キミは知っているか。我々男には身体的欠陥があるのだ。それは、当たり前のことだが、妊娠できないということだ。だいたいから、自分のお腹の中にもう一人の生命体が生まれてきてそれが軀《からだ》の外に出て生まれちゃうなんて想像するだに恐ろしくって、オレたちか弱い男にはできない。そんなことは強い女の人たちに任せるしかない。

ともあれ、我々男が妊娠できない以上、我々男はその幸福を保証する世代交代のために、何とか女の人に頼んで我々の子どもを身ごもって産んでいただかなければならない。てなわけで、その女の人に出逢った時、キミは、キミと結婚することがどんなに得であるかをその女の人に説得できなければならない。自分にはやりたいことがあって、しかも有能で、人の気持ちがわかり、コミュニケーション能力に優れ、おまけに家事も得意、これまで君に出逢った時に恥ずかしくないように男を磨いてきた、こう言えなければならない。

だから、油断するな、緊張しろ！　自分とやがて結婚する女性がもうこの世の中のどこかを歩いていることを想像し、その人に会った時恥ずかしくないように男を高めて生きるのだ」

これにも反対する生徒は一人もいません。

こうして、生徒たちは、将来4人以上の親になろうとすることと、そのパートナーになる女性の存在を意識して恥ずかしくない人間として生きようとすることをインプットされることになります。

●飽きられない人になるために

次に、その子どもが大きくなって巣立っていった後はどうなるのか。そのことについても考えてみたいと思います。

もし世代交代して子どもが大きくなったところで、いったいどういうことが起こるのか。これは今これを読んでいる貴女の近未来のことに関することかもしれません。

子どもが育って離れていった時、その時夫との関係はどうなるのでしょうか。

子育てが終わってからもまだ40年近い人生があるのです。それは改めて、夫婦お互い、どうして一緒に暮らしているのかという問いかけになると思います。

このことの答えとしては、たくさんのことが挙げられると思います。

寂しくないから。

楽しいから。

便利だから。

このことの根底には、もちろん人間性ということがあると思います。でも私は、その他に「飽きない」ということがあると思うのです。普通このことは忘れられがちな視点ですが、私は非常に大切だと思うのです。

飽きないというには二つあると思います。たとえば私たちは毎日お米やパンを食べてもそれに飽きません。でも、人にもよるでしょうが、毎日外食してピザとかラーメンなど同じものばかりを連続して食べることはまずできません。寿司や鰻《うなぎ》もそうでしょう。これは米やパンが主食として自己の生活と一体化して、完全に自分の生活の一部となっているからです。

もう一つ。飽きないとは、常に新鮮な感じがするということです。新鮮なものは活力やエネルギーを与えてくれます。

飽きるとは、同じことの繰り返しで面白くないということでもあります。これは冒頭の話にもつながりますが、絶えず自分のやりたいことや打ち込めることがあること。

また、常に本人がフレッシュな気持ちを忘れずに周囲や世の中を観察していること。

そして、それを通じて得たことをもとに、常に相手が面白がる話題を用意していること。こうしたことは人に飽きさせない、飽きられないことの中心にあることだと思います。

人に飽きない力も大切ですが、人を飽きさせない力も大切です。

「貴女は人に飽きられない努力をしていますか？」

と尋ねられれば、ほとんどの女性が下を向くことでしょう。

でも、「彼女に飽きられないようにする努力をしていますか？」と男の人に尋ねれば、思いのほか多くの人が多少なりともその努力をしていることがわかると思います。これを結婚後も続けるようにしてもらいたいものです。

人を飽きさせないという能力とその視点は、これからさらに重要になる気がします。

子どもは人を飽きさせません。それは子どもが次々に新たなことを行うからです。わが子にも、大人になってからもこの能力が多少は残るように育てたいものです。

人を飽きさせない力とは、何か一つのことに打ち込んだり、次々と新しいことを始めたりする力と言い換えてもよいでしょう。そして、こういうことは、大人になる前にあらかじめの仕込みが多少あってこそ成り立つことだと思います。

つまり、高齢化社会を迎えたこれからの教育は、60歳以降にする趣味のもとも仕込んでおかなければならないことになります。

良い趣味はその人を高めます。音楽はその代表と言ってもいいでしょう。何らかの楽器ができて譜面が読めれば、歳をとってから様々なサークルに参加することができます。お茶やお花などの我が国伝統的な芸事も同様でしょう。

それに料理や園芸はいつまでも変わらぬ良い趣味です。もし歳をとってすることがなくて時間を持て余すのなら、きっとそんな人は家でゴロゴロしてテレビをみてスマホをいじり、悪ければアルコールを嗜《たしな》むことでしょう。そんな人と30年一緒にいられますか。

逆に、家事をすませ、何かの研究をしに図書館に行き、そのついでに夕食の買い物を済ませ、土日はハイキングに出かける。パートナーとも、メディアからではなく自分で観察体験した新鮮な話題を常に呈示することができ、相手の話も充分に聞く。こんな相手なら、軽く外での食事に誘われても、すぐに応じることができるはずです。

この場合女性であるパートナーの方も個人的な趣味や活動が多いことは想像に難《かた》くありません。

つまりオモロいから、飽きないから一緒にいる。趣味に走り過ぎて家庭を顧《かえり》みないようになるのでは困りものですが、趣味がない人は人を飽きさせる上、自身の交際範囲も狭《せば》まります。趣味は人間交際にも欠かせないものです。

この趣味について深く考える習慣は、大人になる前につけてやるべきだと思います。これは、最初の「やりたいことがある」につながることがおわかりだと思います。**人間の幸福はやりたいことをしていることにありますが、そのやりたいことを自分で思いつけない場合、幸福は遠ざかっていくのです。**

●子どもを育てることは社会のためになること

最後に、人の役に立つということについて。

最近の大脳研究によれば、脳内快感物質のドーパミンが出ているのは、瞑想時など身体的な快感の他に、自分のやりたいことに熱中している時、人に認められて褒められている時でもあるそうです。

人が人に褒められるのは、その人ならではの技能を発揮して感嘆を与える時と、人のためになることをして深く厚く感謝される時だと思います。拍手喝采《かっさい》ではないですが、人に強く賞讃された時、人の脳には快感物質が流れます。

人生幸福の決定版、それは人のために活動して、人に喜ばれるときです。芸術活動はその象徴です。人の快感は、自分だけではない。他人も喜んでくれなければ本当の快感ではありません。

この快感は、最高次のもので、これが連続すれば人生は最高に幸福です。世代交代しなくとも快感です。コルカタのマザーテレサはその象徴です。人のために役に立って喜ばれているのですから、自己の存在確認の必要もありません。

つまり、**私たちが最も強い快感を得るためには、人に喜んでもらうことをすることがその根本なのです。**これがわからない人はセックスをする資格もない人間以下の動物と言えましょう。

普通、人がこの世のためにする最も善いことは、世代交代することです。人類を継続させることです。これはほとんどの人が願って可能な人間的営為です。でもそれは、世のため、さらに言えば、未来社会の連続のためなのです。子どもを育てることは、正に他者である存在のために働くことに他なりません。子どもを育てるとは社会のためになることがその本当の目的なのです。

この本では、「主体性」の大切さについても述べてきました。でもその主体性の奥《おう》義《ぎ》は、他者存在を尊重することです。なんとなれば、自らの主体性は他者の主体性を認めなければ成立しないからです。この、植物、動物、人間界に錯綜《さくそう》する一切の存在の全体像とその主体性、自身がそのことのために存在することを意識する時、そして活動する時、人の人生は輝きに満ちると思います。

その象徴とも言える子育てを、私たちはしっかり意識しながら行なっていく必要があると思います。

反抗期を乗り切る 12カ条

第1条

基本は見守る姿勢、
理解できなくて
あたりまえ、と思う

第2条

話せばわかる、
ではない。
しつこく
話しかけない

第3条

返事を求めない

第4条

「うるせえ」「ばばあ」
などの暴言は
聞き流す

第5条

気にかけている、
というメッセージは
忘れずに

第6条

プライベートを
侵害しない、
携帯は見ない、
カバンや机を
勝手にあけない

第7条

腫れものとして
扱わない

第8条

性的な変化に
過剰反応
しないこと

第9条

おろおろしない。
毅然とした態度で

第10条

親以外の
大人の友だちを
もたせる

第11条

個室を与える。
ただし、必ず
リビングを通る

第12条

親が家出する

文庫版のためのあとがき

本書は2011年に大和書房から刊行した本の同社文庫本化したものです。

親本となった単行本は、幸いにして多く版を重ね、一応ベストセラーとして現在も引き続き多くの方に読み継がれていただいていますが、ここでより広く多くの読者に手に取っていただけるように文庫化する機会を得るのは、著者としてあらためて感謝と光栄の念に堪えないものがあります。

本書は、そもそもは受験プロとして活動し始めた著者が、徐々に能力開発インストラクター、教育環境設定コンサルタントとして活動の領域を広め、その間に接した親子や生徒たちからの直接的な情報と体験を元に書かれたもので、その結果、やや論理性集合性に欠けたオムニバス的な寄せ集めのような構成になってもいます。しかし幸い、子育てに悩む実に多くの人に読んでいただくことができました。

今回文庫本化にあたり読み返しましたが、我ながら、そして相変わらずやや「過激」な内容です。たぶん、まともな教育者や学者はこんなことは書かないことでしょう。

やや断言調過ぎるところがあることも自覚します。読み返せば加筆したいところも出てきます。でもこれまで多くの人に受け入れられたことも事実です。ゆえに、部分修正だけにとどめ、大きな加筆はしないで、読者の子育てご参考のために、そのまま文庫本化することにしました。

男性ホルモンの発達によって、男の子は10歳ぐらいから変わり始め、やがて第二次性徴や変声期を経て、本格的な反抗期に突入します。その時になって困らないように、あらかじめ反抗期少年の対処法をお伝えすることがこの本の目的です。どうか読者ができる範囲で、この本を参考に子育てを乗り切っていかれるようにと心より願っています。

最後に、今回この本をお読み下さった貴方貴女、またこれまでこの本を読んで下さった方々に重ねて感謝申し上げて、この本のあとがきに代えさせていただきたいと思います。

令和元年夏至

松永暢史

松永暢史（まつなが・のぶふみ）
1957年東京都生まれ。慶應義塾大学文学部哲学科卒。教育環境設定コンサルタント。受験プロ。音読法、作文法、サイコロ学習法など様々な学習法を開発し、教育コンサルタントとして講演、執筆など多方面で活躍中。
著書に『女の子は8歳になったら育て方を変えなさい！ やさしく賢い女の子に育てる母のコツ』（だいわ文庫）、『落ち着かない・話を聞けない・マイペースな　小学生男子の育て方』（すばる舎）、『「ズバ抜けた問題児」の伸ばし方〜ADHDタイプ脳のすごさを引き出す勉強法』（主婦の友社）、『頭のいい小学生が解いている算数脳がグンと伸びるパズル』（星野孝博共著、KADOKAWA）など多数。

＊本作品は二〇一一年一二月、小社より刊行されました。

だいわ文庫

男《おとこ》の子《こ》は10歳《さい》になったら育《そだ》て方《かた》を変《か》えなさい！
反抗期《はんこうき》をうまく乗《の》り切《き》る母《はは》のコツ

著者　松永暢史《まつながのぶふみ》

二〇一九年七月一五日第一刷発行

発行者　佐藤　靖
発行所　大和《だいわ》書房
東京都文京区関口一−三三−四 〒一一二−〇〇一四
電話 〇三−三二〇三−四五一一
フォーマットデザイン　鈴木成一デザイン室
本文デザイン　渡邉雄哉（LIKE A DESIGN）
本文イラスト　たはらともみ、渡邉雄哉
本文印刷　シナノ　カバー印刷　山一印刷
製本　小泉製本
ISBN978-4-479-30769-3
乱丁本・落丁本はお取り替えいたします。
http://www.daiwashobo.co.jp